下流世代的上流生活

吳渭濱博士、區祥江博士 著

下流世代的上流生活
作者／吳渭濱、區祥江
策劃編輯／伍詠慈
美術設計／陳詩韻
插圖／郭兆明
出版發行／突破出版社
香港沙田亞公角山路33號突破青年村
電話：2632 0000　傳真：2632 0388
電郵：breakthrough@breakthrough.org.hk
網址：http://www.breakthrough.org.hk
http://www.btproduct.com
承印／海洋印務
2017年7月初版1刷

Up Stream Life for Downshifting Generation
by Stanley, Ng Wai Pun & Raymond, Au Cheong Kong
First Printing, First Edition, July 2017

Printed in Hong Kong
ISBN 978-988-8392-58-2

本書經文取自《新標點和合本》，版權為香港聖經公會所有，承蒙允准採用，特此鳴謝。

誠邀閣下就突破出版社的書籍發表意見

歡迎加入突破書籍 Facebook page — http://www.facebook.com/btbooks.page

本書採用環保油墨印刷

生 活 與 輔 導

關懷、連繫、復和、

溝通、對話……

凝視心之脈動，

直到重新尋獲自己的心。

目　錄

下卷：上流生活　區祥江

莫虛渡寶貴十年

吳渭濱博士與區祥江博士分析窮忙現象，既有紮實數據，亦有具體案例，宏觀看出社會職場結構的變化，微觀點出有血有肉的集體情緒。年輕一代面對窮忙困境，瀰漫着悲觀與憂慮。地鐵車箱內的倦怠、社會衝突的躁動不安、社交媒體的怨毒留言，窮忙族看不到出路，失理無奈之情溢於言表。

坊間有所謂 M 型社會之説，一方是草根基層，另一方是富裕中產，兩部分日漸擴大，兩者之間鴻溝甚深。草根與中產青年，同處狹窄都市，擦身而過的對照，貧富對比出忌恨與酸苦。今天赤貧者不多，相對貧窮之感卻充斥於大城小景。住劏房與住大屋的同事，用同一部最新型號的智能手機、在 K 房同唱陳曉東的《劃火柴》；經濟拮据的男方看不到出頭天，輕鬆闊綽的女方亦不見得從容快樂。薪金不高，工作累積又缺乏滿足感，是青年男女普遍的經驗。

窮忙困境不會在可見的將來改善，年輕人若不能領悟自處之道，讓負面情緒主導生活。在埋怨聲中渡過人生寶貴的十年，實是十分可惜的憾事。從這個脈絡去讀這本書，就覺得作者的分析與分享格外的難能可貴。一般社會結構分析不會提供超越困境的個人方案，而一般心理輔導書藉卻往往缺乏實證的社會論述。本書結合兩種書寫方式的長處，實證篇章讓讀者有充分的知性了解，最後提供跨越社會困境的可行之道，鼓勵年輕人樂觀投入、建立關係、追尋意義、成就人生。

馬傑偉

香港中文大學新聞及傳播學院榮休教授

窮忙一族還是勞苦大眾

與吳渭濱博士相識已有十年，他是我在香港中文大學任教文化研究時的碩士生，自始我們建立一段師生友誼。喜見他的新書出版，而且選了一個十分有意義的題材，願為此書作序。

1979 年，我畢業於香港中文大學。當年的大學畢業生有若天之驕子，不過由於我在完成畢業試之後才尋找工作，最後只能在一所私立中學任教，月薪是港幣 2,000 元，跟官立或津貼中學教師的月薪相比差了一大截。但另一方面，我跟天主教大專聯會的一羣友好，在九龍聖德肋撒堂附近，找到一個英式建築物的地下單位，單位十分寬敞，有四房兩廳。我們一羣合共 15 人承租了單位，每人每月需分擔的租金是港幣 200，亦即是月薪的十分之一。我任教的私立中學分上、下午班，我任教的是上午班，每天中午 12：50 下課。整個下午我也可以閱讀喜愛的書籍，到了黃昏時則做點戶外運動，生活甚為寫意。

今日的大學生，剛畢業便負債；除了不可能找到寬敞，但租金合理的居住單位外，更不可能找到一份每天 12：50 準時放工的工作。難怪時下有些年輕人視上世紀七、八十年代的香港為香港的「黃金時代」。但所謂「黃金時代」也只適用於這些有幸入讀大學的人。

在上世紀七、八十年代，香港只有兩所大學，要入讀大學絕不容易，像筆者早在 1971 年便嘗試報考中文大學的入學試，1972 年則報考入讀香港大學的 A-Level；兩次都失敗，最後在 1974 年才成功考入中文大學。在呂大樂的著作《四代香港人》中，筆者屬書中描述的第二代香港人。但以年齡計算，所謂第二代香港人除了應包括那些未能入讀大學的人外，還包括中五會考之後便無法繼續升學，須投身社會的人。更甚的還包括那些未能通過升中試，無法入讀官立或津貼中學，而父母又無法負擔私立中學學費的人。這批人並沒有包括在呂大樂筆下的所謂第二代香港人中，這批人去了哪裏？這批人就是所謂基層或低下階層，即是香港的「勞苦大眾」！

在今日的香港，我們已很少機會聽到「勞苦大眾」這個詞彙，反之最常聽到的是基層和中產這兩個詞彙；其實「勞苦大眾」一詞才足以說明香港大多數人的生活實況。

一項調查發現，香港的工時是全球最長，坊間更流傳一句話：「得閒死，唔得閒病」。即是說如果今日的年輕人認為自己是窮忙一族，他們不應為自己感到悲哀，而應為整個香港感到悲哀。在香港的日常用語裏，形容通宵達旦工作的用語十分豐富：「開夜車、開通宵、直踩、通頂」等。這些用語同樣在坊間流傳已久，換言之，對大多數人而言，在香港生活一向艱苦。或許「執死雞」最能說明在香港生活是多麼艱苦，「執死雞」的意思接近「執到寶」，同樣是獲幸運之神眷顧。但在禽流感肆虐的年代，「執死雞」是高危的舉動，香港社會的日常用語卻將這高危舉動當作獲幸運之神眷顧，背後的訊息絕對悲涼。可惡的是無論是英國統治香港時，或中國大陸收回香港後，香港都有如童話故事的灰姑娘，由小漁村，飛上枝頭變鳳凰般，成為足以跟紐約和倫敦相提並論的國際金融中心。在這套主流論述裏，香港勞苦大眾的苦況被徹底忽視。

其實只須稍加注意，任何在香港長大的人，都能留意到在香港的日常用語裏，充滿大量被欺騙、欺負、欺壓的片語：「俾人呃」、「俾人搵老襯」、「俾人搵笨」、「俾人老點」、「俾人跣」、「俾人整蠱」、「俾人搽雞」、「俾人放飛機」、「俾人劏」、「俾人鋸到一頸血」、「俾人屈」、「俾人蝦」、「俾人恰」、「俾人砌」、「俾人打鑊」、「俾人拋」、「俾人插」、「俾人圍」等等，而且還不斷有新的俚語，如「俾人扚去照肺」、「俾人碌卡」。大量被欺騙、欺負、欺壓的言詞除了說明，在香港生活如何艱苦，更說明香港社會如何不公平。說香港社會十分不公平，根本不是什麼真知灼見，問題在於在上世紀八十年初，中國大陸打算收回香港的消息曝光後，香港人心惶惶之餘，香港的報刊充斥着討論香港和中國大陸各種差異的輿論；這些輿論的整體效果在於凸顯香港的優點，在這種背景下，香港社會的種種不公平現象彷彿消失於無形。當時香港主流社會有一個十分典型，也是十分極端的説法：「香港沒有民主，但有自由」。沒有民主的自由是隨時會失去的自由，這一點在今天的香港已清楚不過，但在不少年輕人眼中的黃金歲月裏，香港主流社會竟然好像沒有想過，沒有民主的自由是完全沒有保障的自由。

英國統治香港的時候，香港是不折不扣的殖民社會，當然十分不公平，否則香港的日常用語不會充滿各種被欺騙、欺負或欺壓的言詞。在上世紀八十年代初，也是不少人眼中的黃金歲月，一個令人惶恐不安的政權宣佈要收回香港，當時在香港的人，即時反應就是把香港的一切美化了，香港社會的種種不公平完全被主流社會忽視。精通權謀之術的中共政權看在眼裏，順水推舟，承諾收回香港後，一切維持不變。維持不變即延續殖民統治的種種不公，最典型的例子莫過於功能團體選舉這種制度。

今日的年輕人很可能不知道，功能團體選舉這種制度是在1985年，亦即《中英聯合聲明》簽署後不到一年內立法。1984年簽訂的《中英聯合聲明》，列明立法會全體成員由選舉產生，但

相關的條文卻沒有説明具體的選舉方法，於是英國殖民統治者便急不及待，制訂功能團體選舉，種下今日立法會必定由建制陣營牢牢控制的禍根！

重提這段大約是三十年前的往事，旨在説明香港面對的除了是中共政權，還有狡猾的英國殖民統治者；這也是為什麼香港的日常用語裏，充滿被欺騙、欺負和欺壓的言詞。當然今日的年輕人成為窮忙一族或斜槓族，背後有其宏觀的政治和經濟因素，説得學究一點，就是法國一羣被稱為 Regulation School 的經濟學家在上世紀七十年代末提出的理論。這羣經濟學家指出，資本主義的資本累積模式，繼馬克思年代的原始累積模式和二次大戰後全世界奉行的福特主義模式後，再次演變為一種彈性生產的模式；而這種模式只會加深社會的貧富懸殊。今日香港年輕一代面對的困境確有其宏觀的政治經濟因素，但這些因素在香港這個殖民統治的土壤中，所產生的破壞力有如一場山林大火，遇着強勁的風勢，根本無法撲救。這樣説卻不表示香港已是無藥可救，須知道香港的主流社會一向對香港的各種不公，視若無睹。今日香港的年輕人須要面對的首先是被主流社會一直忽視的種種不公，換句話説，就是與香港一羣被壓逼的祖先相認，這羣被壓逼的祖先也就是香港的勞苦大眾！

馬國明

嶺南大學文化研究系副教授

上卷

這是下流世代

吳渭濱

第 1 章

減少的工資，增加的工時

1.1 從「窮」「忙」説起

窮忙族（Working Poor）一詞，原指一羣擁有固定工作但收入卻相對地低的在職貧窮人士。他們雖然有工作，但工資不足以維持一個合理的生活質素（例如收入低於貧窮線）。在全球化的國際社會中，各地的青年窮忙族正在增加[1]。在日本有超過半數 20 至 24 歲男性勞動者是窮忙族。在香港，15 至 24 歲低收入在職青年由 2001 年的 15.2% 上升至 2011 年的 17.5%，愈來愈多在職港青成為窮忙一族，這成為香港社會要面對的新課題。

各地對窮忙族下的定義不一，本書所指的窮忙族是比較廣義的，主要是那些學歷相對較高，收入和向上流動機會卻比以往世代同等學歷低的在職青年。他們有兩樣特徵是最普遍的：一是窮，即高學歷，薪酬水平相對低；二是忙，主要是工時長。

若果你也有以下特徵，可能已成為窮忙一族了：

- 一天工作超過 9 小時，常加班，為工作賣命。
- 若以「時薪」換算自己的薪金，可能少於最低工資。
- 放工已很晚，再約朋友出街聊天到深夜，常熬夜，每天早上起牀都很費勁。
- 經常在低廉快餐店草草用膳。
- 買所需品也要左支右絀，財政緊絀。
- 仍然在欠債還債，如學業貸款。
- 本身學歷高過現時工作所需。
- 一年內未曾加薪；三年內未曾升職。
- 由於收入不足，還要做兼職，幫補收入。
- 放工後還要跑去進修。
- 積蓄少，無力置業。
- 收入雖不低，卻看不到未來，以致內心沒有安全感。

1.1.1 如何窮？怎樣忙？

香港近年出現「窮忙族」或「青貧族」等詞語來形容收入低的在職貧窮青年人。香港青年協會[2]於2014年的調查，引述政府數據發現，15至34歲的港青月入少於8,500元的，約有十萬人；當中15至24歲的在職港青則有四萬人，佔同年齡層的五分之一，比日本的比重略低。

香港青年協會當年訪問了522名15至34歲港青，當中有300人在職，而有37%在職港青認為自己是在職貧窮，當中有46%任職服務工作及銷售行業，三成七有專上學歷，兩成多更擁有大學學位；受訪窮忙港青中，有一成人更擔心永遠不能脱離在職貧窮。

一位任職電話熱線服務員的男生，今年23歲。他每月的收入約9,000港元，放工後兼讀副學士課程，學費佔收入四成；加上每月3,000港元家用，每月只餘2,500港元供交通費和生活費。

就算是大學畢業生，收入狀況也好不了多少。有研究發現，過去二十年本港大學畢業生所得薪金不增反減[3]，1993年起薪中位數超過13,100港元，2013年竟然降至10,860港元，跌了接近兩成；而近十年來的大學畢業生，薪酬累積加幅亦遠低於十年以前的大學生。不可不知，過去十年本港 GDP 每年平均增加 4.5%，累計大約增加了五成，亦即是説整體經濟增長，但大學畢業生卻未能分享經濟增長的好處。

1.1.2 亞洲青年都捱窮

日本經濟學家門倉貴史在他的著作《窮忙族 —— 新貧階級時代的來臨》中指出，窮忙族在先進及發達國家形成，由於全球化使企業競爭激烈，企業為了節省成本而削減開支，改變了以往多勞多得、穩步晉升的工作環境；取而代之是更多短期合約或臨時工，又或是一個人頂替幾個人的長工。薪酬低工時長，使很多員工每星期工作超過 40 小時，工資仍然不能負擔基本生活，促成窮忙族出現。在日本，門倉估計有四分之一人口屬於窮忙族，而青少年更是高危類別。儘管作者所描述的是日本社會，但用以形容今日香港或台灣情況也相當貼切。

台灣的青年人近年來工資老是停滯不前，更倒退回十六年前水平，然而工作時間之長卻名列全球十大[4]，每年平均工時高達 2,140 小時，即使勤奮工作還是無法擺脱貧窮。台灣 2015 年的畢業生平均起薪約 27,500 台幣，比預期高出 3,000 元，但這個數字與十年前畢業所拿到的薪水其實差不多，若是扣掉房租、生活費，還學業貸款等等，根本存不到錢。當地的調查指出，台灣有高達 75% 年輕人，在 35 歲前還存不到人生置業的第一桶金，薪水停滯等於財富縮水，窮忙族的被剝奪感愈來愈深。[5]

韓國的在職青年亦有類似日本、台灣領着低薪生活之現況，他們被稱為「88 萬元世代」[6]（折合約台幣 25,000 元）。在 2016 年的調查，韓國的 15 至 29 歲青年失業率高達 9.8%，高出整體失業率。大學畢業後找長工很難，只能一心考進大財團或政府工，待業一年是等閒事。

四地的青年皆面對畢業生收入下降，工作不穩定；而香港青年更要承擔高工時。不過，以下有關窮、忙的討論將集中在香港、台灣及日本方面，因有關資料較詳盡，而三地的生活及經濟發展水平亦較近似。

註

1　胡少偉（2016）。〈尼特族與窮忙族〉。擷取自網頁 http://hkfew.org.hk/listdetail.php?cid=200&aid=2137

2　香港青年協會（2014）。《青少年問題研究系列五十二：青年窮忙族能脱離困境嗎》。擷取自網頁 http://yrc.hkfyg.org.hk/files/yrc/YS/YS52/YS52%20Full%20Report_chi_20141118.pdf

3　香港經濟日報（2015.7.29）。〈大學生起薪點 20 年貶值 17%〉。擷取自網頁 http://paper.hket.com/article/655801/%E5%A4%A7%E5%AD%B8%E7%94%9F%E8%B5%B7%E8%96%AA%E9%BB%9E%2020%E5%B9%B4%E3%80%8C%E8%B2%B6%E5%80%BC%E3%80%8D17-

4　明報（2016.5.25）。〈全球之冠！港工時全球最長〉。擷取自網頁 https://news.mingpao.com/ins/instantnews/web_tc/article/20160525/s00001/14641492860455TVBS（2015.10.7）

5　〈超時工作薪水低！窮忙族存百萬遙遙無期〉。擷取自網頁 http://news.tvbs.com.tw/life/620490

6　風傳媒（2016.9.5）。〈你以為只有台灣年輕人領 22k 嗎？韓國「88 世代」悲歌，95% 新鮮人生活比鬼島還難熬〉。擷取自網頁 http://www.storm.mg/lifestyle/155261

1.2 白忙的代價

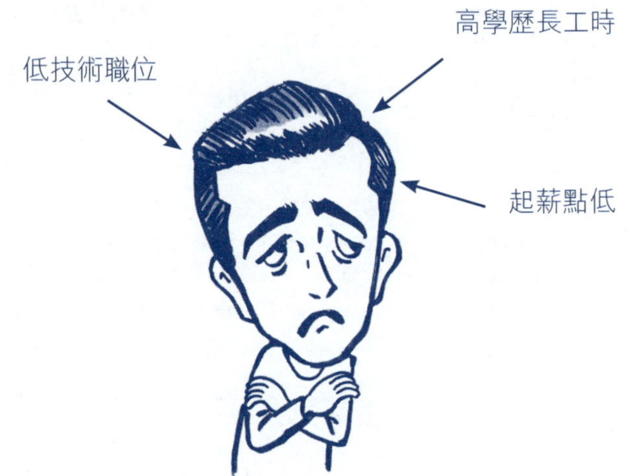

1.2.1 無止境的進修與轉工

Candy 去年於香港某大學畢業，月薪只有約 10,000 元，工作一年多，但加薪不足 1,000 元。雖然上司對她工作評價不俗，但由於公司擔心外圍經濟不明朗，對前景相當審慎，因此她對來年加幅不抱希望。她慨歎自從最低工資實施後，低技術基層均有加薪保證，但自己唯有透過進修，才可提高議價能力。現時大學生比比皆是，供過於求，升遷和加薪機會減少；不得不靠進修提升個人能力。可是進修花費不少，下班後飛奔去進修，亦要付上時間體力，生活更是窮忙。

就算曾在外國留學，處境亦沒有多大分別。在加拿大取得學士學位的 Emily，再於內地名牌大學完成社會學碩士。幾年來在加拿大和內地留學的學費、連同生活費，共花掉了家人至少數十萬元。今年她投身職場，起初不介意起薪點高低，月入約 11,000 元，但為賺多點錢，她放工後替小學生補習，幫補收入。然而，基層工人與大學生的工資逐漸拉近（2017 年最低工資時薪由 28 元加至 34 元，令基層薪金與大學畢業生起薪點相對拉近。）Emily 坦言自己以腦力再加勞力，還花了這麼多時間和金錢讀書，月薪與基層工人只相差 2,000 元，現實確令人慨歎。為了換來更多加薪機會，她打算轉投活動統籌或市場推廣工作，並再修讀一些夜間課程加強自己在職場上晉升的機會。

80 後李小姐四年前室內設計文憑畢業，首份工作任繪圖員，月薪約 7,000 元，僅夠基本生活開支。每年加薪都只得幾百元，她決定轉換工作。她現職機電工程公司，只替客戶繪圖，不用設計，轉換工作差不多兩年，工資才加到 10,000 元。她指愈來愈多具大專程度的員工競爭職位，令薪金加幅不大。

1.2.2 書中何來黃金屋？

事實是書中再沒有黃金屋。統計處數年前發表最新的青年人口結構數據，本港近四成 15 至 24 歲年輕人擁有大專教育程度，比率在過去十年間上升一倍，但每月入息中位數卻無進寸，嚴重落後於通脹。統計處的數據顯示[1]，本港 15 歲至 24 歲的青年人口有 86 萬，較 2001 年減少逾 27,000 人，減幅逾 3%。該年齡組別的勞動人口則由 41.1 萬下降至 34.7 萬，減幅達 15.5%。然而，具有專上教育程度的青年比率卻在十年間翻倍，由 19.5% 上升至 39.3%，當中擁有文憑 / 證書或副學位人數由 44,000 增至 16.1 萬，急增三倍。2013 年的數據更指出，持大學及以上學歷的青年，佔 25 至 29 歲組別達 47%。可見愈年輕愈高比例的人士持高學歷。

有管理諮詢專家指出，連同自資課程及海外大學，現時每年中學畢業生約 22% 可升大學，大學生供應增加唯需求不變，薪酬自然下降。大學生已不再是天之驕子，即使精英大學生畢業的起薪點也每況愈下。當中以四大會計師樓見習會計師情況最明顯，二十年前起薪約 13,000 元，現時仍是 13,000 元。此情況反映青年上流速度減慢，新世代或更堪虞。大學生人數增加，但市場無足夠專業職位，令學位貶值。因為找不到合適的職位，有不少大學生唯有從事毋須大學學歷的工作。在 1993 至 2013 年間，擁有大學學歷的勞動人口增加了 699,600 人，而二十年間高技術勞工的數量只是增加了 665,500 人。即是高學歷青年增加，但相應學歷的工作職位數量卻遠追不上。[2]

結果，高學歷青年會流向不要求那麼高技術的職位。從事低技術職位的大學學歷勞工從 1993 年的 18,000 人，增長至 2013 年的 13 萬人，升幅達 6.3 倍。在所有大學學歷勞工之中，從事低技術職位的比例亦從 1993 年的 9% 升至 2013 年的 14.6%。高技術職位數量增加的速度，追不上大學生數量增加，估計是大學生上流速度減慢的一個主要原因。

大學學歷曾經是「天之驕子」，有較佳的向上流動機會。研究發現，儘管不同世代的大學生，收入都能夠隨着年資增長而有顯著上升。不過，正如上文提及，近年的大學畢業生，收入的起點不斷下降，從事對應學歷職位的機會也減少，結果向上流動的速度就愈慢。更值得注意的是，在更高學歷的青年當中，也出現類似情況。

1.2.3 未擁有先虧欠

香港一項調查顯示[3]，向政府借貸的大學生，畢業前可能會面對高達 19.2 萬的債務，部分更要超過 40 歲才能還清債務。該調查於 2013 年八月底至九月中進行，訪問了 727 位曾經申請政府借貸的大專學生。調查發現，公帑資助學士課程的學生平均負債 10.9 萬元，而自資就讀副學位或副學士的學生平均負債則為 19.2 萬元。

只有一成半學生認為他們有能力於畢業後償還債務，32.6% 學生則認為他們可於 30 至 39 歲期間還清，5.8% 學生則要至少 40 歲才可以完全還清負債。財務狀況以 0 至 10 分為限，10 分即代表財務負擔非常沉重。參與調查的學生對自己的財務狀況評分為 7.31。

香港和台灣兩地的青年族羣，尤其是大專及大學生，所面對的競爭、就業機會和經濟狀況有不少類似的地方。台灣政府公佈最新統計[4]，去年大學學歷人口突破 500 萬大關，佔總人口近四分之一，其中 20 至 24 歲族羣七成是大學生。由於進大學不再是窄門，台灣大學生快速增加，從 2005 年至 2015 年，十年來具備大學學歷人數自 282 萬人增至 506 萬人。台灣大學公私立的比例是三比七，因此只有三成以下學生就讀公立大學。私立大學生平均每年學費為 11 萬台幣，就讀四年就要 44 萬，加上部分學生從國中就開始申辦就學貸款，很多畢業生要還款 40 至 50 萬台幣。

而台灣政府進一步將教育私有化。政府正在推動「自由經濟示範區」，其中一項的「自經區推動教育創新」計劃，就是為了推動教育去管制化和商品化而設的。計劃包括在國內大學推行海外大學課程，學費完全不受限，與美國大學合作每年可收台幣 100 萬以上，與英國大學合作每年可收台幣 50 萬以上。富裕學生可以在台灣輕易取得海外大學畢業資格，貧窮學生則不容易。

可見兩地有兩種共通點，其一是具有專上學歷的青年比率持續上升，香港是四成而台灣更高達七成，導致大學畢業生在勞工市場上供過於求，薪資不升。其二是大學生因學業貸款而負債極重，找到工作便要馬上還債，難怪未畢業先貧窮。

1.2.4 忙得天昏地暗的城市

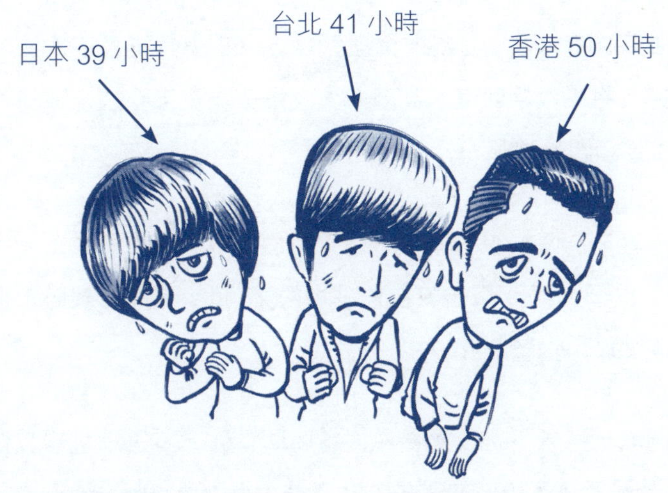

曾有網民在討論區大聲疾呼：「為何在香港每天做足 10 小時是叫應份 ?! 」香港人工作時間長已是聞名，連同上班下班的交通時間，許多香港人每天花 12 小時在工作上，下班後已疲憊不堪。

最近一項調查顯示，香港是全球工時最長城市[5]，每週平均工時超過 50 小時，比全球的平均工時多 38%。

瑞銀檢視全球 71 個城市的 15 個工種，發現全球的平均工時為 36.23 小時，71 個城市中，香港屬「最長工時十大城市」之首，每週平均工時為 50.11 小時，台北為 41 小時，東京和北京的工時則分別為 39.5 和 37.42 小時。巴黎是 71 個城市中工時最短的，巴黎平均一週工作 30.84 小時，排第二的是法國城市里昂，平均工時為 31.36，俄羅斯莫斯科以 31.67 小時排第三。法國為杜絕員工將工作帶回家，甚至考慮立法禁止員工在週末或傍晚傳送與工作相關的電郵。

調查亦同時檢視有薪年假及銀行假等福利，香港員工一年平均有 17.2 日有薪年假，較全球平均的 23 日少，而巴黎勞工則享有長達 29 日有薪假期。

同時，港人下班後還要花大量時間進修。有香港大學教授形容：「倘若香港人準時在下午五時下班，很大機會因為他們有另一份兼職工作，或者進修來提升自己的市場價值。」

除了經濟轉型的壓力之外，香港的社會文化亦是一個重要因素。在九七年前，香港已經有一個神話，發奮圖強便能克服經濟困難，打出一片江山。直到現在，港人仍然抱着自強不息的精神，也等同是全年無休。

香港人看奮發是挺應份的，也習慣稱那種奮發程度為「搏殺」，僱主及老一輩都不喜歡僱員「怕蝕底」。香港人是「搏到盡」、衝鋒陷陣的拚命三郎。我們的文化是忙才有出色，如果有人説近來很悠閒，一般的理解是此人是已進入半退休狀態，又或是工作不濟。

長時間工作造成身心疲憊，影響工作效率，連進修也感到困難，除了缺乏時間陪伴家人外，更損害身體健康，導致醫療負擔增加。心理健康的損失更難評估。香港中文大學醫學院估計65,000 勞動人口可能因工作壓力患上不同程度的經常焦慮症。香港彷彿成了一個壓力煲，在職人士不停被煎熬，隨時有爆煲的危險。研究顯示[6]，年齡界乎 26 至 40 歲年齡組別的在職人士正值是「人生黃金期」，他們都在行業上打拚，往往承受巨大壓力。

日本和台灣為保障員工長期工作過長，有「過勞」工時定義，例如台灣過勞死工時[7]定義是發病前 1 至 6 個月，每月平均加班超過 45 小時（即每週約 11 小時）。即使以加班時間長出名的日本，在 2017 年 2 月，政府也開展討論限制加班時間的措施。反觀本港，卻一直未為「過勞」下定義。若以台灣的「過勞」工時定義計算，每週工作 51 小時已屬過勞，相信許多香港人已經是工作過勞。若果近來常常覺得頭痛、胸悶、食慾不振、記憶力減退、注意力難集中、肩部與頸部強直性發麻，就要注意了，因為可能早已成為過勞的高危族羣而不自知[8]。

註

1　香港特別行政區政府統計處（2011）。《香港 2011 年人口普查主題性報告：青年》。擷取自網頁 http://www.census2011.gov.hk/pdf/youths.pdf

2　新世紀論壇、新青年論壇（2015.7.27）。《香港各世代大學生收入比較研究報告》。擷取自網頁 http://www.ncforum.org.hk/file/upload/file_828_4jy.pdf

3　教育網（2013.10.25）。〈大學生負債如山〉。擷取自網頁 http://www.educationpost.com.hk/zh-hk/resources/education/131025-education-debt-mountain-looms-for-university-students

4　大紀元（2016.3.12）。〈大學學歷人口 台去年破 500 萬〉。擷取自網頁 http://www.epochtimes.com/b5/16/3/12/n4660727.htm

5　明報（2016.5.25）。〈全球之冠！港工時全球最長〉。擷取自網頁 https://news.mingpao.com/ins/instantnews/web_tc/article/20160525/s00001/1464149286045

6　工聯職安健協會（2017）。《香港在職人士工作壓力調查》。擷取自網頁 http://www.ftu.org.hk/upload/news/2852/photo/58c8a5e59c78a.pdf

7　自由時報（網上版）（2016）〈正常工時縮減 過勞認定標準也變了〉。擷取自網頁 http://news.ltn.com.tw/news/life/breakingnews/1562438

8　勞動部勞動及職業安全衛生研究所（2015）。《過勞自我預防手冊》。擷取自網頁 http://meeting.ilosh.gov.tw/OverWork/index.aspx

1.3 千絲萬縷的下流困境

有機構在 2015 年發表報告[1]，指在 2013 年，30 至 39 歲的一代年薪收入增長已追不上樓價升幅，35 至 39 歲一代下跌了 14.8%，30 至 34 歲一代更下跌了 17.1%。面對實際收入增長不如之前世代，再加上樓價升幅遠遠拋離收入增幅的困境，年輕一代大學畢業生難以再單靠自己的努力，達到過去大學生畢業數年後就可置業的目標。

此外，在《四代香港人》[2]一書中，作者呂大樂形容第二代屬「戰後嬰兒」，即 1940 年後出生的香港人，他們成功佔有社會上大部分重要的位置，卻沒有完成完善社會公平和發展任務，更遲遲不想退下交棒。以致第三代人（60 後）深感出頭無期，而第四代人（80 後）打從開始便是輸家。於是，青年人工作量愈來愈重，升遷名單卻愈來愈遠。

不過，難以上流的問題也可能涉及其他因素，例如香港經濟體系轉趨成熟，難以保持八、九十年代的高速經濟增長；全球貿易自由化以及勞動力市場開放，令香港的大學生面對日益劇烈的競爭；香港經濟發展缺乏新動力，新興產業發展未見顯著成果；擁有大學學歷的勞工近十年顯著上升等等。

1.3.1 單一的產業結構

香港的產業結構單一，四大支柱產業[3]是：貿易及物流業、旅遊業、金融業、專業服務及其他生產服務。約佔了本地生產總值六成，僱用了一半本地勞工，而當中大部分職位屬於服務性行業，能提供的優質就業職位不多。政府提出的六大優勢產業（文化及創意產業、醫療產業、教育產業、創新及科技產業、檢測及認證產業，以及環保產業），僅佔本地生產總值約一成。事實上，無論哪一屆政府，亦未見積極推動新興產業發展，以創造更多高技術職位。

產業發展主要依靠市場力量推動，政府的角色極為有限，推動的力度和成功地區的經驗相去甚遠。對比韓國的文化創意產業、台灣的晶片技術、新加坡的航運同石油化工業等等，都是政府在政策、法例、人才及融資等方面作大量投入的結果。要令青年人有更多優質的就業選擇，特區政府必須制定長遠、有力及持續的產業政策，推動香港產業的多元發展[4]。只有多元的產業發展才能造就更多就業機會，增加勞工市場需求，刺激青年新力軍的薪酬上升，並增加工作穩定性。

1.3.2 教育與社會發展不搭

副學士教育、高等教育的市場化以及新高中學制實施後，刺激社會對大專教育的需求，是故政府資助學位供應在 2003 至 2013 年間增長約 2,600 個，總數約為 17,000 個。可是，從八十年代開始，香港的生育率卻持續走低。導致每一年入讀大學的中六畢業生比例愈來愈高。因此，在整體大學生比例和絕對數量上持續上升，導致入讀大學的機會愈來愈高。在全球一體化、互聯網普及化、競爭對手來自四方八面的情況下，如何令大學教育更切合學生需要，讓大學生學以致用，各展所長，是教育政策必須要檢討的方向。在發達的城市，其走勢均朝向知識型經濟發展，對大專生的需求理應上升。問題是香港的大學教育有否針對本地及國外的發展需求而制定合適的課程，以致畢業生能把握這些發展機會，而獲得聘任。若畢業生的就業機會增加，入息亦相應提升。

1.3.3 企業聘請條件轉差

全球化發展導致企業面對激烈競爭，加上全球經濟放緩，各企業紛紛收緊成本及人力資源[5]。為節省人力成本，企業使用合約制、非全職、實習生等方式聘用員工，又或減少員工人數，增加在職員工的工作量。前者的彈性僱用方式，加劇了「青年貧窮化」與就業不穩定，後者則使員工經常超時工作。

註

1　新論壇和新青年論壇（2015）。《香港各世代大學生收入比較研究報告》。擷取自網頁 http://www.ncforum.org.hk/file/upload/file_828_4jy.pdf

2　呂大樂（2007）。《四代香港人》。香港：進一步多媒體有限公司。

3　經貿研究（2017）。《香港經貿概況》。擷取自網頁 http://hong-kong-economy-research.hktdc.com/business-news/article/%E5%B8%82%E5%A0%B4%E7%92%B0%E5%A2%83/%E9%A6%99%E6%B8%AF%E7%B6%93%E8%B2%BF%E6%A6%82%E6%B3%81/etihk/tc/1/1X000000/1X09OVUL.htm

4　同註 1。

5　香港立法會（2006）。《有關在職貧窮的》。擷取自網頁 http://www.legco.gov.hk/yr05-06/chinese/hc/papers/hc0210cb2-1002-c.pdf

1.4 小結：愈年輕愈無力

香港的青年下流現象，可歸納出幾個原因：

- 企業、機構減省人力成本，採用合約制、實習生方式聘用員工。
- 教育普及使進入職場的青年人大都接受高等教育，供過於求，使青年新力軍的薪酬不升反降。
- 即使全職工，仍要接受工時長，起薪點低，加薪緩慢。
- 眼見物價樓價不停高漲，為追求升職加薪，要加倍努力，甚至兼職工作。
- 進修文化，拚搏生活。
- 長工時，低工資製造出新一批窮忙族。

青年是支撐我們未來的支柱，卻因為在職貧窮、低薪或工作而得不償失，無法或不願意成家立室、或無法支撐家庭開銷，長遠會造成許多重大社會、家庭問題。

香港要避免走入日本低薪酬、工時長、窮忙的困局，又該如何應對呢？當然政府有責任積極發展新產業，避免經濟嚴重傾斜於金融業、地產業，藉此帶動社會流動，好讓年輕人有空間向上遊。

青年人面對窮忙的生活，又可以如何應付？

在日本，以往年輕人一心寄望畢業後加入大企業，但經濟迷失二十年後，現時日本年輕人已滿足於擔任臨時工、兼職工作等，以換取更多時間玩樂。時下本港年輕人的心態也開始改變，例如過往有更多大學生未畢業已積極搵工，現時則有部分年輕人未畢業已盤算申請公屋[1]。或許，新一代的價值觀會慢慢隨之改變。

註

1 香港新聞網（2012）。〈80 後人工低上位難 —— 香港陷「窮忙族」詛咒〉。擷取自網頁 http://www.hkcna.hk/content/2012/0822/155381.shtml

下流世代上流人

外在衝擊敵不過我的自信

Samson 在香港某間媒體公司工作，從事數碼媒體推廣，大學畢業至今已有年。現時的工作平均每天十小時，早上九時上班，下班時間是晚上七時。市場推廣的角色是為公司尋找更好、更多的機會，所以大家都很忙碌地去尋找、發展大大小小的商機。工作繁忙主要是每天都要應付幾個同時進行的推廣計劃。當一個推廣計劃推出後，便馬上要監察它的成效，立刻作出適切的回應。一個同事要同時負責三、四個推廣活動，是家常便飯。

網上世界發生的事情很快很急，一個網上推廣出街後很快知道效果如何，若果反應好，可能當天便看到成效；若果反應不理想，便得馬上回應，甚至要重新部署另一個推廣手法，取勝之道就是快、準、新。現時的受眾羣可以分得很仔細，針對不同年齡、興趣、需要的分眾方式有很多，而且他們對資訊的需求隨時變化，行內人便要掌握這些變化而制訂相應的推廣方法。不單要構思，還得執行。無論一個意念有多好，如果不能執行出來，只是天馬行空，也沒實效。所以又要動腦，又要動手，每天的工作很忙。

新數碼媒體在舊媒體公司要爭取資源，改變舊有的行事方式也要花很大力氣，特別是向公司推銷新的概念。媒體市場推廣工作不算是一份穩定工作，它是一個「燒錢」的部門，如果經濟不景氣，很大機會遭裁員。加上資源有限，他們的人手也有限。一人兼數職：策劃、執行、聯絡和銷售。

進修、工作無極限

除了上班，Samson 每星期還有兩晚進修，每晚三小時，是一個新媒體的碩士班。因為下班時間不穩定，差不多每次都要飛奔上課，許多時候會遲到。週末也要花時間溫習、做功課。以為捱過了大學，不急於再修讀另一個課程，誰知轉換了新工作崗位，幾年後，又要回到校園。

新一代的年輕人似乎較上一代的忙，因為整個數碼世界的改變，令他們無時無刻都要工作，他們的工作模式已經不限於辦公室或某段辦公時間。面對冗長的工作時間，Samson 認為：「那就要看看工作有沒有成功感，許多事情我還在學習，如果有成功感，就算忙一點也不介意。如果工作只是每天上班下班，重複做着同一類型的事情，那麼工作的意義不大。我們這一代人也會很在意工作的意義，例如：成功感、學習機會、合理工時、合理待遇、發揮機會等。」在工作上，Samson 的成功感來自同事對他辦事能力的肯定。對於初出茅廬的他，對自己的能力還在探索階段，能得到同事的肯定確實是一種進步與成功。

忙碌生活中的小確幸

旅行，可說是香港年輕人追求的「小確幸」，一件較容易達到的目標及得到滿足感的事。Samson 認為他們這一代已經很難實現「買層樓」這個遙遠的願望，倒不如切實一點想想放假去哪兒旅行。一番辛勞工作後，去旅行是輕易做到的事，可以享受到片刻美好的時光。

Samson 身邊有些朋友一年去四、五次旅行，基本上已經放棄了儲蓄買樓這些念頭。只求一份穩定的工作及收入，不要求什麼特別的享受，如有車有樓。有點名氣的服裝品牌對他來說已是很奢侈的東西，去淘寶，滿足了生活便算。消費方面也會「諗過度過」。想到將來要結婚，他對財政方面的憂慮也較大，未來家庭的支出比一個人生活大很多，一般的年輕人都會為此發愁。

他覺得在香港生活看不到方向，只有某種特定生活模式，就是工作、進修、買樓、結婚。Samson 曾經在外國讀書生活，當時轉換了生活環境，有機會想想生活有沒有其他可能。

曾在外國生活的朋友都發現，以香港以外的另一種生活方式，也可以生存，只是你如何看什麼是滿足。他說：「當你不把能滿足自己的東西定得太高，人是可以找到滿足的生活。在這刻我若只能達到這程度，我便得要接受，但我仍然希望自己能向前走，想得到自己追求的東西（如升職、加薪），說不定會創業。」

創業，To be or not to be？

香港創業的環境較難，社會沒有多元發展，某些行業興盛，其他行業卻受限，連帶周邊的行業也沒發展機會。雖然政府也有一些基金支援創業，但整體社會氣氛卻不利創業，如大家的消費意慾都不太高。創業要看商機和個人經驗，Samson 恐怕當下未能應付。可能再多幾年，在經驗和人際網絡更紮實的時候會較適合。

Samson 這一代並不介懷是全職抑或 freelancer，畢竟全職也不代表有保障，不代表穩定。他身邊有些朋友從事設計的，他們創業的機會較高。一般公司未必聘用全職設計師，找 freelance 的設計服務可節省成本。當市場需要這些專業，他們便可以生存了。當初以為自己做老闆，生活便很自由，不過，看到這些創業的朋友，他們 24x7 的工作模式，生活反而更忙。當上老闆，一分一毫都是自掏腰包，每件事就要想清想楚才去做，時間也要運用得很有效率。

一份報告指出香港的畢業生當中，有超過一半想投身公務員，遠遠比其他地區為高，有些外國城市只有不多於 10%。現實的情況告訴我們，做公務員有較高及穩定的收入，如果自己要還債，又要應付生活，也不理會是否志趣所在，都得去接受了。這數據從另一個角度顯示我們在創業及創意方面較遜色。

香港的經濟很單一，有些人從事金融地產，可能很快賺到可觀的收入。一些從事專業的年輕人，如工程師、設計、IT，他們要捱一段長時間才有較理想的收入。如果讀其他科目的，可能機會更少。Samson 看其實大家都付出了不少勞力，但各人得到的回報很不一樣。他質疑讀大學不是每個人都要追求的目標。行行出狀元，只要擁有某種技能，積極進步，生活也可以是好的。若具備某些強項，而大學未能輔助發展這些強項，便毋須去唸大學。例如喜歡造餅，也很有天分，花時間去學造餅一定比花時間唸大學更有利。

抗貧三寶：謙卑、冒險、自信

若要改善窮忙生活，Samson 認為還得靠個人努力。首先要學會謙卑。即使大學畢業，曉得的東西還不多，懂得謙卑很重要。不要以為上一代的東西是守舊，不夠效率，只有謙虛才能從他人身上學到更多，他人才願意告訴你所不知道的事情。冒險精神也很重要，路是要走出來的，他在大學畢業後不清楚自己要做什麼工作，要自己親身經歷是否喜歡某個工作。例如，原先以為自己不是一個太有規劃的人，但在幾年的工作學習中，慢慢改變了。現在同事許多時請 Samson 幫忙規劃，這個也是他對自己的新發現。最後要有自信，在工作環境會面對不同文化、價值的衝擊，但自己要建立一套自信（包括工作觀、價值觀），一步一步實踐目標，才不致搖擺不定。他相信，若要努力達成目標，使事業有成，改善生活，也需要正確的價值觀來引導，否則很容易為達目標不擇手段。

Samson 工作的行業變化很多，將來不一定要再去考什麼學位，但繼續進修也許是必要的；一項新技術出來，可以改變舊有的一切模式，自己一定要跟上世界改變的步伐，才可以有更好的未來。在可見的未來，Samson 相信忙是逃不了的，只希望自己不會太窮就好。

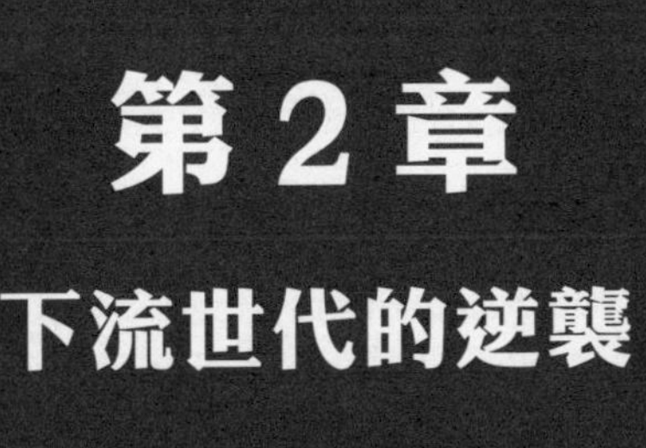

第 2 章

下流世代的逆襲

2.1 低慾望社會來了

被《經濟學人》譽為「世界五大管理大師」的大前研一，提出低慾望社會來臨的獨特現象。低慾望社會，背景是政府永遠都在拚經濟，大學數量氾濫，大學生供過於求，就業市場不景氣，年輕人對前景多抱持悲觀態度，貧富差距擴大。他們踏足社會工作幾年，加薪及晉升機會仍然渺茫。年輕人上流機會減少，不少公司有很多老年管理高層。另一方面，又面臨人口老化的問題。新世代薪資凍結、前途並不明朗。年輕人遲婚、生育率低，人口持續減少，導致人力不足。青年人「向內、向下、向後」流動，結果，喪失追求成功的慾望，只在乎小確幸，甚至不工作、不結婚、不出門成了常態。

在日本，出現了一批隱蔽族，肚子餓的時候到便利商店買個廉價即食便當果腹，一天就這樣過去了；從前熱賣的高價商品滯銷。青年人喪失物慾、成功慾，不買車，平時只選購 Zara、UNIQLO 等平價時裝。在這個用廉價購買快餐食物就能活下來的社會，出人頭地的慾望也比先前世代降低不少。大前研一指出，這並不是要指責年輕人慾望低落，因為之所以會無慾無求，在窮忙的時代之下，也是一種合理的選擇。

2.1.1 不要房子車子只要生活

嘗試仔細分析日本的狀況。拒絕置業就是低慾望社會的象徵，就算是房貸利率超低，20 至 30 歲的年輕人及中堅世代也毫不動心。現在未滿 35 歲的日本人，從懂事以來就面對「失落的 20 年」，經歷過通貨緊縮、市場不景氣的黑暗時代，大多數人的心態都不願意背負房貸或結婚生子，所有的風險及責任都不想承擔。他們面對工作也是如此。薪水沒什麼調漲，又不能做自己想做的事，不想擔任責任太重的職務。在上一個年代，人人都想要爭取出頭天，最終目標就是坐上管理層的位置，但現在日本年輕人已經喪失這樣的野心。

青年人之所以變成低慾望，原因之一可能是上一代拚經濟的慾望成為負面教材，這些長輩為了追求成功及物質的豐富，拚命工作而忽略了夫婦關係及家庭。父親們為了在公司出人頭地，每天汲汲營營，卻無時間關心家庭，夫婦之間幾乎沒有生活情趣可言。於是，青年一代希望爭取更平衡的生活，他們未必單獨為了經濟而放棄其他價值，如家庭、環境等。

新一代對於物質的擁有方式也可以跟上一代完全不同。高盛調查顯示[1]，有車可用，比擁有一台車更實際。Uber 大行其道，正回應不買車的世代傾向：共享而不一定要擁有，正在變成世代主流。不少千禧世代根本毫無意願買車，有慾望想買名牌皮包的人也愈來愈少；一定要買房子的人也所餘無幾。

日本的20至30歲年齡層的住宅擁有率下滑，根據日本國土交通省及媒體的分析，在薪資停滯不前、合約員工增加等因素影響之下，青年人根本無法申請房貸、支付不起。他們不購買住宅而是租屋，這是自戰後以來，日本人第一次選擇「不擁有住宅」的一代，這也是非常合理的選擇，因為他們根本無力承擔。

就某個層面而言，無自置住宅其實是適合全球化時代的做法。一旦持有住宅，當被公司調職，尤其是派駐海外時，房產就成為很大的累贅。相反，無自置住宅者能夠擁有高度自由。比方說，用低於房貸金額的租金，居住在上班時間較短的地方，時間及金錢更加充裕，不僅提高生活的機動性，也能夠負擔「微高價」消費或是一些奢華享受。因此，「選擇不擁有」，更加促進了低慾望社會的形成。

另一原因是日本的教育制度。雖然美國有許多製造業外移，但仍舊是創造就業機會能力最好的國家，最主要的原因，就是美國的教育讓天賦異稟的傑出人才輩出，如蘋果（Apple）創辦人喬布斯（Steve Jobs）、特斯拉（Tesla）執行長馬斯克（Elon Musk）、推特（Twitter）創辦人多西（Jack Dorsey）等，因此美國能夠接連誕生高度專業的全新產業。反觀日本，他們的教育還處於大量生產、大量消費的時代，要求學生專心記住老師所教的「答案」，這種教育方式只能夠提供傳統產業基礎勞動人員，卻無法培育出傑出人才，也無法創造出高度專業的全新產業。

當日本的教育制度停留在工廠生產模式的標準化教育，就無法培養傑出人才及創造出全新的產業，導致產業發展緩慢，經濟下滑，工作機會減少，薪資不漲。反觀美國，因為仍然有創新的產業帶動社會及經濟發展，青年向下流的情況則沒那麼嚴重。

2.1.2 低慾望的亞洲變種

大前研一在日本觀察到新世代的窮困、向下流動的現象，在鄰近的韓國、台灣及香港，亦有相似發展。2011 年，韓國出現「三拋世代」的潮語，所指的就是現今年輕人對於「戀愛、結婚、生小孩」感到怯步，甚至拋棄與放棄，皆因韓國年輕人無足夠的經濟能力來應付這些沉重的負擔。2016 年韓國青年更推出了「七拋世代」的潮語，除了拋棄「戀愛、結婚、生小孩、人際關係、購房」等，這些有形、可見的物質生活外，更是指向「無形的精神生活」，即拋棄了自身「夢想、希望」。期後，他們更以「全拋世代」正式宣告 20 至 30 歲年輕人對於什麼都不抱有理想，來描述他們自身所處的社會之困境。年輕人連夢都不敢做，面對自己的未來，他們不懷着任何希望。

在台灣及香港，年輕人面對薪資凍結，工時長得奪冠，向下流動的情況亦類似。台灣年輕人追求小確幸的背後也是對單拚經濟、追求金錢物質的價值觀的質疑。他們轉向對後物質價值的追求，包括自我實現、環境關注、平等自由、人權等。

至於香港青年人對後物質價值的追求，亦不遜色。雖然對小確幸、慢活的追求，風氣未及台灣，但也漸露頭角。正如大前研一所指，在窮困世代中，是年輕人的合理選擇。同時，年輕人亦看穿了單一追求物質價值，並不能帶來更快樂的生活，他們要重新探索其他的可能；追求環境更健康，土地分配更公平，資源不再向財團傾斜，生活或許可以更快樂。

四地青年人困境與反擊：

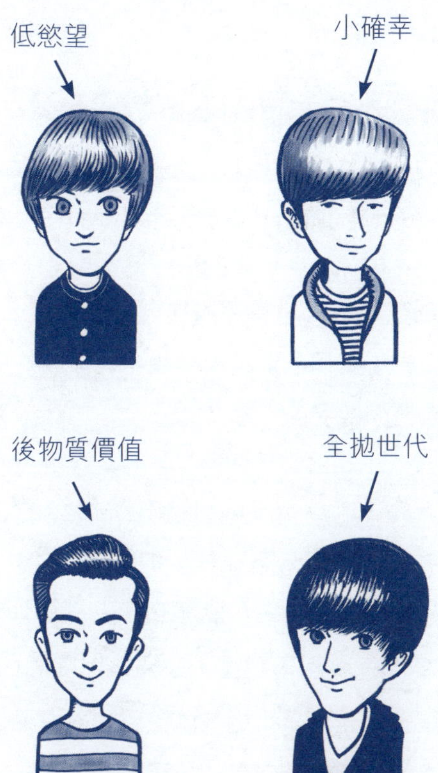

註

1　《天下雜誌》（2015）。〈美國：千禧世代駕到〉。擷取自網頁 http://www.cw.com.tw/article/article.action?id=5073074

2.2 小確幸

對香港青年人甚具吸引力的台灣，近年給人一種清新印象，被港青認定是個適合生活的地方，充滿了巷弄小店、咖啡店、微文創，台灣青年很「小清新」，喜歡追求「小日子」和「小確幸」。

小確幸一詞在台灣成為青年人的潮語，意思是指小而確切的幸福。此詞源出村上春樹的散文集《蘭格漢斯島的午後》，當中一篇名為〈小確幸〉的散文。

小確幸最初給人一種散漫的浪漫主義，一種沒有大志的小幸福。回顧村上春樹的文字，這並非他的本意。如「想要在日常生活當中找到自己的小確幸，多少需要點個人規範」，所謂的個人規範就好像「耐着性子激烈運動後，來杯冰涼啤酒的感覺」[1]，「要是少了這種小確幸，人生只不過是乾巴巴的沙漠而已」。當然所追求的是大夢想還是小夢想，就見仁見智了。

小確幸的社會現象，有人説是青年人失去盼望。台灣的社會及文化與日本有太多相似之處：拚經濟始終是施政首要目標，近年台灣經濟卻呈現疲弱的 L 型（指平均增速固定在某一個水平上）；高等教育一樣氾濫成災，結果同樣是許多人高學低就，一出社會就淪為下流世代，承受薪水低、生育福利低、工時高、房價高。

小確幸這類現象恐怕是當今亞洲、甚至全球年輕世代共同面臨的現象：貧富差距愈拉愈大，年輕世代普遍低薪，甚至失去奮鬥目標的轉向。

2.2.1 真生活？無大志？

台灣出現「小確幸」社會思潮的原因複雜，歸納下來有幾項：

一，台灣進入後工業化社會、後現代社會發展階段，後物質主義與生活浪漫主義逐步興起，追求物質滿足與大發展的夢想已然落伍，反而享受現在與當下成為一種理想與追求。

二，這一代青年的父輩多是生於嬰兒潮年代，生長在台灣經濟起飛、財富迅速積累的年代。父輩積累的財富可讓青年一代生活無憂，亦可以追求享受相對富足與安逸的生活。

三，台灣政治民主化後的媒體生態發生很大變化，新聞與政論節目焦點集中在小小的台灣島，很少關注全球大事，自然讓台灣民眾，尤其在上一代眼中，認為年輕一代思維變得更為狹隘，缺乏大格局及大視野，「鎖島」、反開放心態逐漸出現。

四，這一代青年生長在台灣大學爆發式發展時代，上大學變得輕而易舉，大學畢業生的個人適應能力與競爭力下降，更擔心開放（包括對大陸開放）與競爭，只求自保與維持現狀。

另外，這一思潮的出現也與台灣政治思維有一定關係。例如，受到台灣青年人推崇的蔡英文，強調不要追求經濟增長、應重視社會分配，呼籲發展「在地經濟」，讓不少青年選擇留在鄉村，不再與城裏青年爭就業機會等等。這種思維對當下台灣青年的價值追求與「小確幸」思潮的發展，起了推波助瀾的作用。

但批評的聲音也不少。一部分台灣人擔心當地的國際競爭力大幅下降，相較於其他國際型大都市，他們不僅步調緩慢，連帶企圖心及求勝心也貧瘠得可憐。他們認為現在部分年輕人因着小確幸，太容易自我滿足了，因此不會抱持太崇高的理想和目標，更別説什麼真正的大幸福了。小確幸就是「做到這樣就夠了，人生毋須要求太高」，因此他們的步調變慢、生活變慢、工作變慢，最後可能連國際競爭力也開始走下坡了。台灣儼然成了個養老的地方。

2.2.2 不拚經濟，追求什麼

面對上一代的看法，一位出國工作的台灣青年這樣反駁：「相較之下，我必須老實說，台灣年輕人普遍看來，較容易讓人有軟弱與沒自信的感覺。或許受限於語言能力，或許因為對自身的肯定不夠，在這些如此激進向前的地方（如新加坡、香港、上海）氛圍中，台灣人往往顯得更『慢』。」直到他繼續在新加坡工作的第二年，才感受到過去他崇拜的「強者特質」，只不過是汲汲營營的周邊效應而已。他並非否認這樣的努力是錯誤，而是從他國年輕人反觀台灣人，才發現台灣人擁有的，反而是更多元的成功定義，職涯規劃並非只以現實的金錢、升遷為導向。

「我覺得，這就是台灣人對於夢想與生命的一種憧憬，是一種『浪漫情懷』。而我確定，這種情懷不但非常有意義，且絕對是我們在人才競爭中的致勝關鍵。在我們談夢想時，會有無限可能，並在遠大的目標中，加入些藝術、音樂、流浪、慈善的美好元素在內。我們就算成不了賺大錢的企業家，也不會認為自己失敗。儘管在新加坡人的眼裏，這種情懷可能只是失敗者的藉口，但這怪不得他們，因為他們長期接受精英教育，這是必然的結果和想法。」

事實上，對未來與人生意義的追尋，他認為需要不斷嘗試與接受，而這過程需長時間反復試驗。台灣年輕人容易被誤解，成為長輩眼中的「不踏實族羣」、外國朋友眼中「不知道在幹嘛的追夢人」，甚至被解讀成過度浪漫的小確幸，但實情並非如此。

2.2.3 夢想雖小卻是自己的

這年頭許多台灣年輕人創業，但不像老一輩創業的前輩有着遠征全球的野心，他們多半都希望有一家自己的文藝咖啡店，座落在寧靜的小巷中，享受陽光灑下來的午後。這聽起來似乎很迷人，那情境也相當吸引。有人提醒説，如果這些年輕人並非真的對咖啡店有那麼大的夢想和憧憬，以為他們不是在追求小確幸，而是更遠離幸福。

一份針對台灣 20 至 35 歲年輕人的調查[2]，將受訪者分為三種類型，包括理想創業者、夢想者、安定者，而其中懷抱夢想等待機會的夢想者佔了大多數。但被問到自己是追求小確幸還是大志向時，多數夢想者卻都表示自己比較偏向追求小確幸，創業者也有 36% 自認是小確幸追求者。這樣的情況説明，台灣年輕人還是有自己的抱負，但是他們所追求的成功，可能已經不同於以往的金錢和權力，而是能夠勇敢順利做自己想做的事情。

負責研究的機構認為：「年輕民眾他們還是會自我表述自己是一個追求小確幸的人，可是看他們實際上的行為，他們都想要出國工作，甚至有 75% 的人，不論是大志向或者是小確幸，他們都希望能為自己的夢想而打拚。」把追求定位為小確幸，也顯示出台灣年輕人對於成功的定義正慢慢出現轉變，無論是自認大志向還是小確幸，對於成功的定義，排名第一的都是完成夢想、經營小事業，不強調賺多少錢或有多少權力。研究結果顯示他們追求的就是想要做自己，想要實踐自己的夢想，而夢想也包括成為一個對社會有貢獻的人。

2.2.4 一杯咖啡的價值

「你們就是喜歡把自己弄小了，格局也都小，在我們這裏，不做大就乾脆不做。」對岸的青年人這樣回應台灣青年的選擇。這些差異只能説是在不同時空背景下，每個人和地方所選擇適合自己的走向，答案絕非只有一個。

雖然時代前進了，但台灣的年輕人血液裏仍然有着創業的基因，不同的是，創業的商品隨着時代改變了。他們想創造的很多已經不是工廠，不是代工，而是走向設計、走向文創、走向網路、走向餐飲。很多人説，「經濟發展不能只靠年輕人的小確幸」。經濟景氣不佳，年輕人創業成為顯學，卻多以開創特色小店、咖啡店為滿足。

有一位台灣青年寫了以下這個故事給蔡英文總統：「2004 年開始，Blue Bottle 在舊金山只是一個小攤子，而且是市集裏的流動攤販。不過老闆為人風趣，對咖啡很堅持、很專業，大家口耳相傳，很快的就有一羣死忠愛好者追隨。幾年後，賺了點錢，開始在固定的地方開起了店面，其實這也還不算店面，老闆是在舊金山的倉庫裏開了這個臨時的攤位，非常迷你，地方也很簡單。就這樣，老闆一路從小小眾到小眾。2008 年在小商場內才真正開了一家像樣的小店。因為他對咖啡的熱情、專注和投入，Blue Bottle 的名氣開始受人關注，在 2009 年得到舊金山當代美術館的認同，並得以在美術館的頂樓開設咖啡吧。接着，Blue Bottle 到了美國東岸，又過了幾年，再開始進入海外其他城市，大放異彩。然後，媒體開始報導，説他們正在引領第三波的咖啡革命。」

他總結説：「至於咖啡廳的產值能不能比擬科技業，大可以參考星巴克、麥當勞如何走向全世界的事實。到現在藍瓶子咖啡、shake shack 漢堡接力的在全球各地開幕。你可能説，『不管怎樣，還是 Apple 的產值高啊。』但是服務業輸出的不只是服務，還有文化、還有人力，這些就不是單純的數字可以衡量的價值。」

在這些青年人心中，「小確幸」並非無法成大志，而是該如何讓這些小小夢想，有一天也能站上世界的舞台。或許政府應拋棄只有工廠、只有技術、只有產品才能外銷的想法，轉念想想，人才、服務模式、文化價值一樣可以外銷，一樣可以征服世界。

日本的「職人文化」，是一個很好的參考。所謂職人或達人精神，不用金錢來衡量自己的興趣與技藝，只要找出任何一件心底深信的最小事物，狂熱的專注與投入，從細小的事着手，且不管有沒有實際或金錢回饋。這些日本職人文化的特質，絕對可以強化台灣與其他國家競爭者的差異。專注所愛、付出熱情，甚至有點不計現實代價的投入，是台灣新世代可能用來征戰國際舞台的最新方式。

註

1　村上春樹（2007）。《尋找漩渦貓的方法》。台北：時報。

2　《商業周刊》（2016）。〈20 至 35 歲台灣年輕人 成功價值觀大調查〉。擷取自網頁 http://www.cna.com.tw/magazine/7/201605130001-1.aspx

2.3 香港青年的轉身

香港青年與日本和台灣的青年有相同趨勢，就是發展出後物質主義態度。香港中文大學香港亞太研究所一項調查[1]指出，香港社會和經濟的持續發展，確實孕育出愈來愈多具後物質主義價值傾向的民眾；而屬物質主義型的民眾，則有所減少。香港的新一代青年人開始崇尚後物質價值，一方面的確是因為他們成長於一個在經濟和基本人身安全較為安穩的時代；另一方面亦是因為在 1997 金融風暴之後，原本在香港社會中廣被接納的一套價值觀——靠個人努力向上流動的傳統論述開始受到質疑，新一代對香港社會上的不平等現象開始有所警覺和批判。這使得一部分青年人不再相信經濟至上的發展觀，同時對公義、平等、自由和民主等理念更積極追求。

2.3.1 守護我家

香港青年人追求後物質主義的狀況，可以從不少事件社會事件看出來，這裏選「馬寶寶社區農場」作為例子，略觀其變。

新界粉嶺的馬屎埔村，曾經是一片出產果菜數以噸計的農業重地。可惜，過去十數年，卻因政府的新市鎮計劃，引來地產商囤積農地而遭慢慢蠶食。地產商向原居民地主購入土地，趕走農民租戶，準備隨時趁着政府的發展方案大興土木，賺個盤滿砵滿。土地，淪為地產商囤積炒賣的商品。一直在村裏日出而作、日入而息的農戶，大部分被迫放棄他們經營了幾個世代的農產事業，無奈離去。

一羣關心香港永續發展的青年人，與粉嶺北馬屎埔村的村民，於 2010 年夏天創立了馬寶寶社區農場（Mapopo Community Farm）。他們以實踐永續農業為基礎，定期舉辦農墟、導賞團、工作坊及耕種班，推廣本土農業及自主生活，為香港開拓城鄉共生的永續發展。

農地租戶之一，亦是馬寶寶社區農場負責人，在社運中曾扮演重要角色。他們守護土地和村民生活的背後，亦是對政府及財團大力發展地產的批判。這羣熱心青年及村民以行動實踐永續農業，為大家提供健康、安全又美味的有機新鮮蔬菜。重塑有機農地的食物鏈，也重塑城市、鄉郊和人的關係。

他們也相信支持本土農業，必須同時關心本港規劃及土地問題。正如美國政治學者 Inglehart 所言，後物質主義者亦重視政治參與。馬屎埔村因某大地產商收地問題引起一連串社運抗爭，收地爭議的爆發點，在於政府修訂新界東北發展計劃，而該計劃將令地產商獲得豐厚收益。抗爭人士指，馬屎埔收地一事反映了香港政策傾向地產霸權，忽略了香港的環境保育與生態平衡，亦沒有保護香港的農育權。

這羣熱心青年，當中不乏大學畢業生，為何他們不進入大企業工作，反而回到農耕生活？背後正是 Inglehart 所提及的「後物質主義」(post-materialism) 的追求所致，包括對自主生活、自我表達及非物質價值的重視。他們所追求的包括：

- 認識香港農民及農村的故事，讓市民重新掌握本土生活；
- 關心香港的永續未來與城鄉規劃，保護腳下的土地、生態、文化和家園；
- 守護自己深愛的地方和土地上的人，發掘自主生活的可能。

2.3.2 後物質主義萌芽

社會的價值轉移，隨着上一代慢慢地老去，下一代的思想緩慢地更新。美國政治學者 Ronald Inglehart [2] 於七十年代提出「後物質主義」價值觀，並用了 126 個國家的數據來驗證及解釋富裕社會的價值轉變。結果發現在發達的資本主義地區，經歷現代化的世代，和後現代化的世代，在物質主義及後物質主義之間的取捨有明顯分別。所謂物質主義 (materialism) 是個人追求物質上的滿足為最高優先，而後物質主義則是個人更重視自主性、自我表達和非物質的價值滿足；Inglehart 甚至進一步指出，物質主義者強調秩序的維持，而後物質主義則更重視政治參與，甚至會參加「非傳統的政治抗爭」，譬如示威、罷課、佔領建築物，來表達自己的理念，並對執政者施壓。在西方，這個世代戰爭表現在六十年代波濤洶湧的學生運動、環保運動、婦女運動。

Inglehart 研究的另一議題也愈來愈受關注，就是快樂指標研究。在西方爆發金融危機後尤其受到重視，因為它有一個哲學及社會發展的含意：跨國研究發現富裕社會如美國、日本的經濟儘管有所發展，但其主觀福祉（subjective well being）如快樂、生命滿足（life satisfaction）並沒有寸進。若從 Maslow 的人類動機層序階梯來理解，當社會滿足了較低層次的物質需要如基本生活需要及安全的環境後，便需要追求更高層次的後物質理想。後物質並非不需要物質基礎，只是物質的追求並非首先任務。

從這邏輯來看，物質富裕並不一定帶來相等比例的快樂或主觀福祉。這個「發現」對西方經濟依賴不斷消費以刺激經濟增長很有啟示——若消費不一定能滿足需要，不停的經濟發展的意義何在呢？從這個角度看，後物質主義對反思西方社會消費主導的發展模式實在有積極含意。

2.3.3 香港式小確幸

曾在香港居住的台灣傳媒人張鐵志有這樣的觀察，他認為上環一帶開始出現一些小店、咖啡店，是受台灣的影響。近年香港年輕一代漸漸熱愛小確幸，導致巷弄小店增加，很多人愛在書店、咖啡店享受慢活生活，以追求小日子為理想。他們慢慢走出中環價值，走進小確幸的世界，關注環境、土地等本土議題。年輕人的力量愈來愈大，亦出現了很多新意念，他希望社會可以從各方面給予年輕人更多機會，讓社會變得更多元化，讓不同聲音得以共存。

小確幸的出現，某程度指人重視和追求個人內心的豐裕，與物質、金錢掛帥的傳統價值幾乎是背道而馳。

香港青年追求小確幸、小日子的風氣雖未及台灣，但在文化層面上是有迹可尋。天后級歌手容祖兒推出專輯《小日子》，描繪對小日子的嚮往：「隆重已讓我覺得疲累，成大器其實無樂趣，覓個伴我做菜的伴侶」。香港新生代歌手陳凱彤，在 2015 年發表的歌曲《小確幸》中，唱出了對「小而確實的幸福」的追求。

攀得太高　站太高　只計較未得到

應該滿足　望腳邊　一切亦美好

受太多不必要煩惱　學滿足先知道　確實更好

還好　人生仍視乎怎麼過

如果幸福是這麼簡樸　亦不錯

談半件美事開心夠多

誰可　留心還在乎每一個

如果在於是這種小確幸感覺　才一直快樂

十多年前，台灣年輕人畢業後紛紛走去擺攤子做小生意，收入固然不多，但贏來無比快樂，卻被大企業家形容為沒出息。張鐵志認為：「這些來自上一代的批評是無可避免的，雙方唯有慢慢接受、慢慢包容，因為今時今日的先進社會也是建基於多元價值之上。」

無論後物質主義抑或小確幸，也是與香港這一代青年值得探索的課題。

香港青年人的非物質追求

生活自主、城市規劃

土地

社會參與

2.4 小結：下流待遇上流心志

這世代的窮忙一族，面對工資不漲，生活素質向下流動，成為大前研一口中的「低慾望」族羣：喪失物慾、成功慾，不置業、不買車、晚婚少子、只選購平價時尚衣服。他們抗拒上一代每天汲汲營營的生活，卻希望爭取更平衡的生活，追求更多元的價值如經濟、家庭、環境、民主等，共享而不一定要擁有，衝擊傳統經濟模式。

新世代追求小確幸，被成年人批評為無大志的小幸福。其實小確幸並非無大志，而是不同價值的選取追求，也可以說是窮忙世代的一種合理回應。他們所追求的，不再是金錢與權力，而是勇敢實現自己。成功的定義不一定是財富，反而是完成夢想。他們認為專注所愛，熱情付出，不計代價的投入，才是征服未來的方法。

香港青年則對舊有一套努力靠自己「搵食」、「抓銀」的價值觀提出批判。面對下流的處境，新世代選取了非物質價值，除了重視自主、自我表達，亦關懷公義、平等、自由、民主等價值。他們已經知道，快樂並不全然來自更多的金錢或物質的享受。

港、日、台三地的年輕人面對相對窮困，工時長，向下流動的世代，開始對以往的拚經濟，追求物質定義成功的價值觀有所質疑。三地青年人的回應方式雖不同，但背後都是新價值的追求。

註

1 王家英、尹寶珊（2008）。〈香港人的後物質主義觀與政治取向：發展和變化〉。《香港社會科學學報》，第 34 期，頁 1-25。

2 Inglehart, R.(1971). The silent revolution in Europe: Intergenerational change in postIndustrial societies, *American Political Science Review*, 65 (4): 991-1017.

下流世代上流人

創路雖艱難但有趣

Kathy 修讀時裝設計，曾經出國深造，畢業後在某國際時裝公司當採購員。雖然作性質與自己所讀的科目類近，但一直對這個職業不太滿意。她曾經在時裝設計公司工作，發現就算喜歡一個科目也不等於喜歡那類工作。雖然喜歡時裝設計，但她發覺自己不懂得創造一個潮流，知道自己不能當一位卓越的時裝設計師，而且在香港也很難培養出好的時裝設計師，薪資不高，機會也不多。工作已近十年，也試過在不同公司工作，覺得人生過了不少日子，是否應該繼續留在一份不太喜歡的工作？

Kathy 選擇創業。她曾學過 wiring 頭飾的工藝，開始時只是一種興趣，上過坊間的基礎課程。慢慢試做一些頭飾，也把成品送給朋友。在興趣班學的只是基本技巧，要靠自學改善技巧。深知自己未夠水準，於是不斷看書自學，也參考外國著名設計師的作品，提升自己的設計能力和製作技巧。其後再學手做絲花，加上 hand wiring 的技術，創作一些新的飾物。

辭職創業的念頭來自一個偶然的經歷，因為姐姐生了孩子，Kathy 想送她一個頭飾作禮物，但在坊間挑選不到好的設計，便開始自己動手做。大家對頭飾的反應很好，姐姐和其他朋友都十分欣賞，自始便有了自己的創業夢想。

未創業的時候，她業餘進行創作，白天上班，下班回家後再做飾物。因為上班時間長，經常加班，回家已很疲倦，根本不可行。兩年前她放了一個長假期，心中很想實現自己的夢想，於是決心放下全職工作，嘗試創業，建立自己的飾物品牌。

摸索着的開始

起初 Kathy 什麼飾物也想嘗試做，以為有助掌握不同的技術，也可吸引不同目標顧客，滿以為這樣便可以提高成功的機會。於是，不論嬰兒、小孩、成人、新娘的飾物她都做，可是原來一口氣做四個類別很吃力，物料、工具都不一樣。家裏存了許多絲布、wiring 的物料，有時她覺得自己幾乎人格分裂，因為創作起來很凌亂；而且所需資金也較多，時間變得不好用，每個東西都做了一半，也沒時間兼顧其他工作，如文書、網站內容更新等等，自己還要去市集銷售作品。

一心不能多用，她後來修讀品牌推廣課程，發現自己的做法太散亂，不如先做好「一個餅」，有了資金才去發展其他類別，所以決定先做好 wiring 的飾物。

創業就是亂中尋序

Kathy 的性格不太喜歡朝九晚五的工作模式，喜歡嘗試不同的事物。不過，自由彈性工作時間要求是生活更有規律，否則會一事無成。一天的時間過得很快，如果「hea」，手停口停。從前自己生活沒有那麼規律，可以睡到下午一時才起來。現在慢慢才學會規律，雖然不用上班，但每天早上 8：30 便起牀，然後列出一張 to do list，一件一件完成。而且計劃也要做好，例如這個月有什麼目標要達到，包括完成自己的網站，還要拍一些產品照片，這樣便可以把一件一件的把事情做好。

資金是創業一大難題。她亦曾經與其他人一起去過高級酒店設展覽。展覽成本不輕，一張大枱要 6,000 多元，雖然她只佔四分之一，約 100cm x 45cm 的空間，但也要 1,800 元一天的租金。如果儲夠資金的話便做展覽，例如一個「樹幹秀」(trunk show) 都要數萬元。

創業還需要與不同的人士接觸和溝通，例如到市集展出作品，自然多了機會和人接觸，以往當採購員她也需要和許多人接觸，所以她不會介意。她還要向一些店舖介紹自己的作品，包括「cold call, warm call, email、網絡聯繫」。未來還要處理因銷售而引伸出來的各種接觸和溝通。最近她租了一處「共同工作空間」（co-working space），每天會接觸到其他從事創作的同路人。

為了品牌可以去到幾盡

接觸客戶亦需要忍耐，現時她的 Facebook 只有 800 多個粉絲，接觸到的人也不多。她很坦誠的說：「I am nothing。每一個 Facebook 的客對我都很重要，不希望 Facebook 上有任何負面批評。」曾經遇到一些很奇怪的客人，向她訂造一條嬰兒頭帶，Kathy 建議顧客不要訂造這一款，因為戴在嬰兒頭上會不舒服。顧客卻沒有聽取她的意見，她唯有按照指示製作，成品也按時送給顧客。後來，那顧客投訴作品太硬，不合適嬰兒。她心中很氣憤，但不想得失任何客人。於是親自去那顧客老遠的辦公室，取回貨品，回去再做一個。最後她沒有多收那顧客費用，這單生意以一個價錢做了兩個作品，她沒有賺一分錢。

如果以往打工遇到同樣情況，她一定不會讓步。不過現在要學會放下自尊，容忍多一點，儘量做到顧客至上。她以往認為設計師不容易放下一些執著，現在為了建立自己的品牌，經常問自己可以「去到幾盡」。為了堅持在 Facebook 上不可出現一個負評，她時常提醒自己要以品牌為先，個人的喜好要暫時放下。

自言 EQ 不高的她因此在情緒管理上也有很大改善，從前她脾氣很大，動輒就鬧脾氣。但現在要接觸不同的人，才知道世界真是有百樣人。在市集也接觸到不同層面的人，例如有些客人上前來試戴頭飾，試了許久，他們的頭髮不太清潔，還要批評作品的質量，再要求減價十元八塊。以往她可能不會理睬，認為沒必要應酬他們。現在卻學會快點完成交易，打發他們離開，免得「死纏爛打」影響其他客人。

創業的孤獨與滿足

其實一人公司是很孤獨的，一般人很難明白他們的孤獨可以有多深。試過幾天待在家中，沒有出門半步，心情是灰色的。情緒起伏也很大，有些工作沒有進展，一宗生意也沒有，很不開心，便開始懷疑目標是否錯了，差不多每個月都產生這種強烈的感覺。沒有生意她就開始自憐、後悔，幸得家人支持，心情才會好起來，這樣的周期持續了一段時間。有一段時間覺得賺取 20 元也很困難，一個月只得千多元收入，怎樣過生活？要做多少個頭飾才養活自己？身邊朋友也質疑她的創業決定，懷疑她的作品會否有人喜歡及購買，他們常問：「真的賺到錢嗎？」有些説：「你就好，不愁生活，工作也是賺錢買花戴。」他們的問題雖然老套，都是有關錢、錢、錢、錢，但 Kathy 也不懂如何回答，真的令人沮喪。即使她媽媽也說過不少反對的話，都是「這工作賺不到錢，浪費光陰」。父母一直不太了解她的創作，所以她亦不會怪責他們。

當遇到情緒差的時候，她會找一些事轉移注意力，例如專注在每天要完成的工作，設計、管理好網頁，接觸顧客，都已經夠忙了。

業務剛開始時，銷售是來自朋友和他們的網絡，回頭光顧的客人要差不多一年後才出現。去年她在 PMQ 參加市集，有一位客人買了頭飾，付款後便離開。後來那顧客在 Facebook 再找她訂造另一些頭飾，她已經前後三次訂造頭飾，而且購買的貨品價格愈來愈高，Kathy 最開心看到那顧客真的認同和欣賞她的創作。

不久前她開設的網店，收到許多正面評價，顧客認為內容很專業，照片也拍攝得很美麗。她看見自己的品牌有些發展，雖然未算很清晰，但 Kathy 感覺到它在蛻變當中，只要給它一點時間、空間，它會成長的。她已決定了做好這個「餅」，找到一個較清晰的方向，意志也更加堅定，她相信只要集中精神、堅持下去，一定可以愈做愈好。

幾乎要放棄

有一次舊老闆介紹她去找工作，也是一跨國時裝公司，已經兩次面試，他們都很喜歡 Kathy，入職條件亦差不多訂好了，那一刻心裏真是很為難，這項工作她能駕輕就熟，而且她需要更多資金發展自家品牌。原先真想再回去工作一段時間，儲蓄多一點資金推動品牌。後來反復思量，她決定不接受新工作了，因為長工很困身，雖然可增加收入，但一定會失去創作時間，即使有資金做宣傳，若沒有好作品也不成事。

創業這條路真的很難走，不似以往有工作，生活無憂，買東西也不用細想，自己喜歡就可以了。

雖然創業的過程中有不少阻礙是與資金有關，但她學會了堅持，學會相信自己的夢想和目標。有朋友創業是單純地為賺錢，但創作是另一回事，不會有快錢、大錢的收益，如果要賺大錢便不要從事創作。

我創造快樂

以往在辦公室裏從事時裝設計，創作很吃力，因為有死線，便要硬生生想一些東西出來，有時吃力得整個人像枯竭了一樣。

但自己做手作飾物，創作的意念自然湧現。例如偶爾看到某些物料，就馬上想到可以用來做哪種產品。經常會覺得「手癢」，想把腦袋裏的東西都做出來，只是沒有足夠時間把它們統統都做出來。那種創作「張力」與打工時截然不同，差不多有按捺不住的感覺，要克制自己才可以專注眼前的事情，那時她真的知道自己喜歡這個工作。

她喜歡由零開始創作，將一件不存在的東西創造出來。見過 Kathy 作品的人會覺得很女性化，很溫柔，但認識她的人卻覺得她是另一種人。她說：「可能我是想做一個溫柔的女子，但現實的我不是這樣，所以把這個願望投射在作品中。」

她對於工藝的堅持是近乎一種匠人精神，也懂得珍惜手做的意義和珍貴之處。她喜歡花時間做一些好東西，給人一種美麗的回憶，將美好的工藝帶給他人。所以她不喜歡自稱手作人，而稱自己是一個「給人快樂的匠人」（happy maker）。她認為手作人給人的印象是一種家庭式的、閒暇的作業，不太專業。她公司的名稱也是這個意思，能參與在他人美好快樂的時刻當中，也是一件快樂的事。

這旅程難中有趣

現時頭飾尚算是一個未開發的市場，雖然競爭不太大，但市場需求也不高。她不太擔心競爭，困難是潛在市場的問題。她未掌握目標客戶羣在那裏，也未了解誰會願意訂造這類作品。一般結婚頭飾可以去旺角金都商場買，不太貴，租借婚紗的時候，頭飾已包括在內，新娘子未必花錢找人訂造。她面對的挑戰是人的價值觀，顧客是否願意付一個更高的價錢獲取獨一無二的作品。

雖然在香港願意訂做新娘頭飾的人不多，在外國卻很流行，創作人也不少。她現時的客戶以香港人為多，而且是一些比較西化的香港人。除此之外，這條漫漫長路有許多新事物要學，如網上推廣、業務運作等等。她還要學會寫出吸引的內容，在網上發表自家品牌故事。

現時另一大挑戰是資金和資源，她希望擁有自己的地方，好讓工作和家庭場所分開。例如在社交媒體賣廣告，如果資金不足，你能夠拿到的「like」不多，而且可能不是你最好的客戶羣眾。

下一步，她計劃接觸有關的婚紗商店推銷作品，寄售或推出租用頭飾的業務，她心中已有些目標商店。但市場調查很重要，她需要知道有什麼競爭產品，價錢如何等等，從而找出自己品牌的市場定位。

她形容：「這個旅程艱難，但是很有趣味。」（The journey is tough, but is fun.）

傳承幸福

她取了一個法文作品牌名字，刻意營造一個國際形象。加上自己很喜歡法國的事物，也受法國文化的影響。現在她自設的網站內容和推廣都是集中在 wiring 及結婚飾物，也正在設計一個品牌故事，道出一位女子在成長中找尋幸福的歷程，簡單來說就是有關「幸福的傳承」。希望自己所做的飾物在他人的幸福時刻可以成為一種記憶，留住那份幸福感，也能傳承給下一代，這就是她創造品牌的目的。

能夠將幸福傳承，把美好的回憶延續與小確幸是有些分別的。小確幸只是一刻，Kathy 的作品不只在那一刻帶來一種幸福感，亦希望它能把幸福感延續下去，甚至可以傳給下一代。她以硬件幫助顧客留下這個美好的回憶，例如嬰兒頭帶，日後可以成為孩子的頭飾，將美好的回憶延續、傳承，例如把它送給女兒作紀念品。

香港人日常生活使用頭飾的不多，主要在喜慶日子如婚禮才配戴。香港主流文化受即食文化影響，是「快時尚」(fast fashion)，時裝是很短暫的潮流，何必花太多時間、金錢去留住它們。她希望能做出一些持久（lasting）的東西，不單是硬件，更是當中的意義和故事。如果沒有個人的故事在其中，硬件只是死物，沒有生命。有故事才有生命，才可以傳承，她希望能抗衡速食時裝，把生活的意義留住。

外國人結婚會説「有些借來的，有些新的」(something borrow, something new)，但香港人很少有這個想法。外國人可能會把自己媽媽的婚紗改成自己的婚紗，香港人甚少會這樣做，會覺得很不合時。對香港人來説，物質的東西來得太容易。他們好像不會在意「持久」的東西，愈年輕愈不關注。如果能用自己雙手做出一些「持久」的東西，Kathy 很願意這樣的創作，而且是很有意義的事情。如果她的作品能建立一個「持久」的意義，它們的價值就無可取代。

第 3 章

工作的重新想像

3.1 工作就是要輕鬆

若果窮忙族是泛指收入低，工時長的在職人士，飛特族是屬於窮忙族裏的一個特別族羣，他們是彈性工作者。「飛特族」是英文 free（自由）和德文字根的 arbeiter（工作者）結合的新詞，指的是輕鬆面對工作，追求自由生活型態的工作者，把無拘束的生活看得比生涯發展更重要。引伸為畢業後沒有找固定工作，靠打散工維生的人。

近年由於全球經濟轉變，非典型工作（飛特族、合約工、外判工等）型態已成為一種潮流，企業透過非典型工作的安排來節省成本，並獲取更多人力運用上的彈性，使得合約制、兼職（part-time）等工作型態日漸增加。

3.1.1 貢獻日本文化的飛特族羣

《新聞週刊》(*Newsweek*) 曾經探討日本年輕人寧選 junk jobs 也不欲打份正經工作的文化現象，這羣年輕人在日本愈發壯大，成為新興的 Freeter 一族。日本有關 Freeter 的研究[1]指出，Freeter 的人數，在 1990 年泡沫經濟破滅後，逐年增加。一方面因為企業錄用畢業生的數量減少，且嚴格篩選招聘人才，同時因應新的人力資源策略，如派遣員工、特約員工、臨時僱員或業務外判等而出現。另一方面，新大學紛紛設立，高中畢業生投考大學比率提高，就業市場處於供給過剩的狀態，上一代可以在大機構服務一生，這種狀況現今已經不復存在。日本官方估計，扣掉家庭主婦及學生人數後，日本飛特族人數應有 400 萬人，佔 15 至 34 歲人口的五分之一[2]。

這些畢業生無法如經濟興盛時期，順利找到終身僱用的工作，於是只好投入兼任工作，或投入輕鬆的工作，成為低度勞動力的一員；加上經濟環境並無好轉迹象，也降低了年輕人的求職意願。除了經濟環境因素之外，也有部分日本年輕人心理上抗拒死板的職場，嚮往自由彈性的打工生活。他們不喜歡朝九晚五，只想追求自由的工作方式，因此只在需要錢的時候去掙錢，並只從事彈性較大的短期工作，這種職業態度也造就了飛特族的出現。

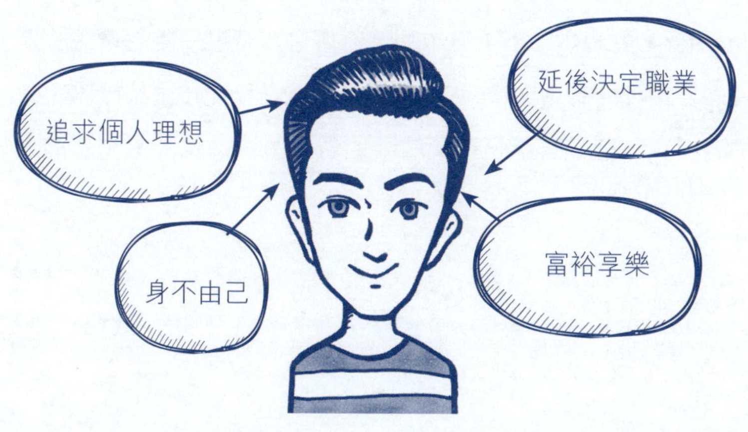

選擇成為飛特族的年輕人，大致可分為以下類型[3]：

1. **延後決定型**：不清楚自己想做什麼工作，所以先當 Freeter，邊做邊探索。
2. **追求理想型**：知道自己想做什麼的事，但不能立刻實現僱，例如演藝圈的工作。
3. **身不由己型**：找不到工作、或計劃升學，但家計不允許等原因而當 Freeter。
4. **富裕享樂型**：家境富裕，因此做什麼工作可以隨心所欲。

畢業生選擇當 Freeter 原因不一，但可以窺知物質生活富裕的日本年輕人，選擇工作時，傾向自由、輕鬆。有人則認為 Freeter 雖然不是正式員工，但他們的工作對社會仍有相當程度的貢獻，應該視之為新型態的勞動方式。實際上，對不少產業來說，Freeter 是不可或缺的勞動力。這一批跳脫日本傳統僱用型態的 Freeter，更創作了不少日本的流行服飾、音樂、電玩軟體、漫畫等需要創意的軟體文化。Freeter 不一定是只愛自由不願固定工作的青年人，他們可以是產業需要的勞動力，又是社會創新的原動力。

3.1.2 台灣的「九低飛特族」

台灣自 1996 年失業率開始攀升後，在寧有工作更勝失業的心理下，高失業率也促使求職者更願意或不得不投入非典型工作。參考日本對於飛特族的定義，台灣界定飛特族青年為「上週總工時在 1 至 34 小時間，『從事某種工作』之 15 至 34 歲青年，但不包括找工作打發時間的全職家庭主婦，以及在課餘或假期工作的全時間學生。」

一項針對 20 至 29 歲專科或大學畢業青年的研究[4]指出，這些無法找到合適的全職工作而從事非典型工作者，在畢業後呈現出多變化、多種路徑、且具可逆性的就業歷程；十位受訪青年中有七位青年，在畢業後的第一份工作就是非典型工作。這些青年從事非典型工作的原因，包含了社會經濟與個人層面等因素，合共有「九低」特徵：

- 低薪資
- 低福利
- 低工作地位
- 低安全保障
- 低連結性

- 低自主性
- 低技術性
- 低挑戰性
- 低工作穩定度

台灣中正大學教授衛民[5]指出，飛特族、契約工和外判工等都是「非典型勞工」的類型之一，飛特族的工作包括：在酒店、便利商店、保安業和補習學校等場所工作；薪資以時薪計，待遇當然就不會太好，福利也欠缺保障，養老金什麼的，就談不上了；工作技術方面，普遍不具特殊專長。

台灣飛特族的成因複雜。其一是經濟衰退，企業減少，年輕人一時找不到好工作，只好重操學生時代的打工舊業，在便利商店或在連鎖咖啡店有一天沒一天地工作。

其二是避免朝九晚五的拘束、刻板的生活。這種職業態度反映了時下很多年輕人追求自由生活的想法。做多少事、拿多少錢，自己對自己負責，作息自由，不用為升職加薪牽腸掛肚，毋須為裁員擔驚受怕。

其三是把飛特族視為向上的階梯，公餘為提升自己做準備。有些人是為了出國進修或考上研究院，有些人覺得自己原先的專業不夠好，想花點時間重新選擇。而飛特族的彈性工作制無疑十分適合這一羣體。

其四是年輕人開始抱持不同的工作價值觀，他們希望工作時工作，餘下的時間可以追求理想、藝術創作之類。這類主要是一些具有創作、設計、繪畫、程式設計等才能的青年人，他們可以靈活地安排個人時間，工作環境也不局限於某間公司，甚至能夠同時從事好幾份工作。事實上，在社會中不乏這樣的創意型飛特族，除了常見的漫畫撰稿人，還有自由攝影師、劇本編輯等等。

3.1.3 香港「飛特族」是種理想？

在香港，工作環境的變遷與日本、台灣相近。工作趨向零散，鐘點員工更為普遍，當中包括臨時僱員、兼職僱員、自由工作者及自僱人士。於 2015 年這羣彈性工作的飛特族粗略估計共有 524,000 名[6]，整體彈性工作的飛特族當中 96,000 名為臨時僱員、214,000 名為兼職僱員，214,000 名為自僱人士。而 2009 至 2011 年的政府調查資料中，15 至 39 歲的就業者佔約 133,600 人，佔總數的 25.5%。青年協會於 2016 年[7]，訪問 528 名 15 至 34 歲在職青年，51.1% 受訪者表示，過去一年曾從事「彈性工作」。概括來說，相較 1999 年，整體彈性工作人口累積增加 40%，當中以兼職僱員的增幅最為顯著，高達 84%。過去 16 年，彈性工作人員在整體工作人口中的比例，亦由 12% 遞增至 14%。

香港彈性工作人口的社會經濟特徵，可略述如下：

1. **職業分佈**：基於營運需要，臨時及兼職工作較常出現於建造業、零售業及飲食業。而自僱工作模式則更為廣泛散佈在多個經濟界別內的職業，例如司機、售貨員、導師或金融產品代理；
2. **學歷**：大體而言，約 20% 的臨時僱員、21% 的兼職僱員及 28% 的自僱人士具備專上學歷，顯示工作趨向零散並不局限於較低技術工人；
3. **從事彈性工作的原因**：相對而言，接近七成臨時僱員表示他們勉強接受這類工作，是因為這是行業慣常做法及公司工作量不足。整體上，約半數的兼職或自僱工作是由於他們需要料理家務或追求較佳的工作及生活平衡。

從事零散、彈性工作的飛特族，在經濟環境轉差時，較長期僱員面對更大的失業風險。他們若屬於連續四星期每週工作少於 18 小時的臨時和兼職僱員，便不能享有《僱傭條例》下的若干法定權益，包括休息日、有薪年假、疾病津貼、遣散費及長期服務金。再者，飛特族大多不能受惠於《強制性公積金計劃條例》下的僱主供款，如果長期處於這種工作狀態，有可能導致退休時較低的累積資產。

除了較高的失業風險外，飛特族亦較長期僱員收取較低薪金。舉例來説，兼職僱員、臨時僱員及自僱人士於 2015 年的入息中位數介乎每月 4,500 港元至 12,300 港元，明顯低於長期僱員 15,700 港元的收入。

3.1.4 青年人的飛特族風險

無論成為「飛特族」是出於個人追求夢想、自由生活，抑或是環境不景氣，迫不得已。他們將面對生涯發展的三大風險：

1. **未能累積專業能力**：因為年輕時期是培養專業能力的重要階段，這一階段的成果將左右日後的人生發展。而 Freeter 的工作內容，大部分是不需要經驗或專業知識，就能立刻上工，技能度低，所獲得的薪資也低，更重要的是，在工作訓練的機會上，將遠不及正式員工。
2. **無法探索真正想做的**：藉着當 Freeter 來找尋自己想做什麼的人，幾乎都事與願違。由於 Freeter 負責的工作所需技能較低，很難從中獲得原本想接觸的不同工作經驗。不少人不再當 Freeter，不是因為發現了自己想做的事情，而是認為當 Freeter 太久的話，對未來發展有負面影響，或因為年齡漸長，還是找一份正式工作比較好。

3. **經驗不獲認可**：轉成正式員工的時候，Freeter 的經歷很難獲得認可。大部分企業不會給「當 Freeter 時，做過很多不同的工作」加分，反而會懷疑求職者是否沒耐心，容易辭掉工作。也有人認為，當 Freeter 愈久的人，找正式工作的困難度也愈高。

飛特族並不局限於單一族類，當中有不同階層，包括：

- 學歷不足，從事低技術行業的勞動階層，如飲食、保安等服務人員。
- 學歷較高的專業人員，如設計、演藝、IT 等行業人士。

前者是社會環境不景下，被迫選擇一身兼數職的短暫自由工作方式。後者或許是理想追求者，經濟狀況允許他們選擇以自由工作方式謀生，甚或能以一技之長應付生活所需，真正過某種較自由的生活。無論前者或後者，若然工作經驗尚淺，亦同樣面對類近的風險，因他們未能取得專業能力的培訓，將會影響日後職業發展機會，只能從事較低技能的工作，持續處於就業弱勢。

即使有天可以回到規律性的就業，仍然會遇上困難，而他們的薪水也處在一個相對較低的位置上。另外，他們也沒有太多機會可以培養職場上所需要的能力。亦有專家[8]認為，飛特族這種不規則的就業型態，將使這羣飛特青年迅速落入新的下層階級。

同時，日本社會觀察家三浦展[9]從個人的認知差距來看，下層階級的年輕人也易產生「希望差」，他們會認為「反正再怎麼努力也沒有用」，因而陷入絕望，甚至放棄自己。

飛特族風險：

註

1 小杉禮子（2003）。《フリーターという生き方》。東京：勁草書房。（中譯意思為 Freeter 的生活方式）

2 曾敏傑、賴柑羽（2014）。〈台灣「飛特族」青年就業變遷之研究〉。《衛生福利部社會及家庭署社區發展季刊》，第 146 期，頁 94-125。擷取自網頁 http://www.sfaa.gov.tw/SFAA/Pages/ashx/File.ashx?FilePath=~/File/Attach/3913/File_22296.pdf

3 劉黎兒（2001）。〈日本年輕人的自由宣言：我要成為 freeter！〉。《新新聞》，第 723 期，頁 127-128。

4 謝文元、李易駿（2007）。〈缺乏保障的就業：青年非典型工作經驗之探討〉。《政大勞動學報》，第 21 期，頁 1-53。

5 衛民（2001）。〈飛特族——日本年輕的自由工作者〉。《中央日報》，觀念世界版。

6 立法會秘書處資料研究組（2016）。〈人力調整為香港帶來的挑戰〉。《研究簡報 2015-2016 年度》，第 4 期。http://www.legco.gov.hk/research-publications/chinese/1516rb04-challenges-of-manpower-adjustment-in-hong-kong-20160607-c.pdf

7 香港青年協會（2016）。〈新生代的彈性就業模式〉。《青年創研庫 17》。擷取自網頁 http://yrc.hkfyg.org.hk/files/yrc/Youth%20IDEAS/Employment_Economic/YouthIDEAS017_Flexible%20Employment%20of%20Today's%20Youth/Flexible%20Employment%20of%20Today's%20Youth%20-%20Full%20Report.pdf

8 Olcott, George.(2007). Perspectives on work, Employment and society in Japan. *Pacific Affairs*, 80: 106-108.

9 三浦展（2006）。《下流社會：新社會階級的出現》。台北：高寶出版社。

3.2 我是「斜槓族」

Terry Lee / 侍應 / Facebook 專頁管理員 / 平面設計師

23 歲的香港青年 Terry，兩年前於平面設計課程畢業後，兼職在戲劇社後台設計。她很喜歡這份工，覺得好好玩，但卻不是經常有新劇開，「畢業後真的想做平面設計師，但工作量不多，賺的錢也不多，所以要靠其他兼職補貼收入。」於是，她同一時間分別在餐廳和酒店做侍應，又在百貨公司做收銀員，更試過一天做三份工作，每天上班十多小時。這樣的工作方式並非自願，她也希望每天只是做宣傳單張、海報設計、拍攝。但沒法子，要生活，不夠生活費只好這樣子。

她最近多找了一份兼職，做 Facebook 專頁管理員，可以在家工作，每天發一個帖子（post），一個月大約有三、四千元收入，她又會用一些旅行時拍攝的照片，製作成明信片在市集售賣。現時她每星期工作四天，如果努力的話，每月收入差不多一萬元。這種工作模式，最重要是時間管理和自律，Terry 認為沒法管理自己的人，很難這樣生活；她要預計每月花費多少，不能超支，或者要預計往後幾星期怎樣工作。如果無法自律，會感覺這種生活是辛苦和吃力的。

其實她曾嘗試做長工，在一間精品百貨做推銷員，但做了十天就辭職，因為實在太沉悶。她明白正職的好處是收入穩定，有機會升職。但她許多在辦公室上班的朋友，下班時樣子迷迷糊糊，不知道自己在做什麼，坐在辦公室對她來說很苦悶，因為明明無事做，卻要裝忙。與其要活得如他們那樣，她寧願賺少一點，起碼知道自己在做什麼。

雖然現在每月收入不算多，工作的種類也未必全是自己最想做的，但她很享受目前的生活，較為輕鬆，沒那麼大壓力。然而，家人卻覺得她不務正業，希望她正正經經找一份工作，不要做廢青。她覺得要趁年輕做夢，做自己喜歡的事，其實一直做不同的兼職，不過是想找出自己的興趣和目標，她覺得如果有一件事自己願意繼續做下去，那就應該會成為自己的職業吧。

3.2.1 我是斜槓族

美國《紐約時報》專欄作家 Marci Alboher 在 2007 年提出「斜槓青年」這個概念。她曾經主持專欄 Shifting Careers，並出版暢銷書 *One Person / Multiple Careers：A New Model for Work / Life Success*（國內翻譯：《不能只打一份工：多重壓力下的職場求生術》)。「斜槓族」的出現是因為愈來愈多年輕人不再滿足「專一職業」這種工作方式，而是選擇一種能夠擁有多重職業和身分的多元生活。這些年輕人會在自我介紹中使用「slash / 斜槓」來區分不同職業，例如「John Chan，設計師 / 舞蹈員 / 手作人」，所以被稱作「斜槓青年」。於下流世代，能在同一企業穩定地工作至退休已經稀罕，倒不如在不同公司工作，甚至同一時間在不同行業工作，從而發展出多元化的工作能力，成為斜槓一族。

過去十餘年致力於自由職業者研究的調查機構 Kelly Services[1] 在 2015 年 9 月的一項調查中發現，全球約有三成的勞動人口認為自己不再局限於朝九晚五的工作模式。這項調查一共收集到美國、歐洲和亞太三大地區共 5,200 多名勞動者的意見，有 31% 的美國受訪者、27% 的歐洲受訪者和 34% 的亞太地區受訪者認為自己擁有靈活、自由的工作性質。Kelly Services 將這些受訪者分為五類：

1. **獨立合同人**：按項目承接獨立工作的勞動者；
2. **自由企業主**：擁有最多五名僱員、自身既是自由職業者又是企業主的創業人士；
3. **臨時工**：通常只於某段時間受僱的勞動者，通常要通過中介；
4. **身兼兩職**：擁有一份主要的傳統工作同時也兼職副業的勞動者；
5. **多元化的勞動者**：擁有多種收入來源、身兼傳統和自由職業的勞動者。

前三種人或許還算作傳統的自由職業者，後兩種就是典型的「斜槓青年」。在全球的大城市也出現了很多斜槓青年的身影，他們有的是完全自由職業者，依靠不同的技能來獲得收入，有的則有份朝九晚五的工作，工餘利用才藝優勢做一些喜歡的事情，獲取額外收入。在香港，這個趨勢也頗明顯，青協曾進行新生代的彈性就業模式研究[2]，訪問 528 名 15 至 34 歲在職香港青年，多達 51.1% 受訪者指過去一年曾彈性就業，當中亦包括不少個別承接項目的自由職業者及身兼多職者。

3.2.2 自主工作

28 歲的 Judy 兩年前加入了 slash 行列。她五年前在香港的大學畢業後去了澳洲工作旅行，回港後在媒體機構做市場推廣，年半後她決定辭職。原因是受不了朝九晚六的工作，她不願意困在框框內，只做一些內部文件，卻不知道外面世界發生什麼事。辭職後，她在舊同事介紹下，轉做自由工作者，主要接一些活動和展覽策劃的工作。最忙的時候，一口氣接了五份工作：珠寶展、兼職翻譯服務、模特兒、項目營運、推銷員、展覽設計。

身為 slash，雖然是自行安排工作，但有時都頗困身，就算掛八號颱風，Judy 仍然要去工作，如籌備展覽。她指出，做

freelancer 的代價是客人會要求你 24 小時候命，他們打電話來就要立刻開工。她曾經接了一份在澳門的工作，要交一份展覽計劃書，限期是翌日早上，於是要在船上做文件，做到頭暈。但她卻很豁達，告訴自己隨時隨地工作，要隨時隨地專心，也是種訓練。

當了自由工作者兩年，她在待人接物方面進步不少。以前會衝口而出，現在她學會靜靜地聽，或留待適當時候説適當的話，其次也訓練到自己的情緒管理能力。當遇到一些客人，他們未必是無理，但有些期望過高，便需要學會控制自己。

不過，Judy 説自由身也有代價，收入不穩定是附帶條件。有一次完成了一件工作，但久久沒收到工資，於是她打電話給爸爸，請他查看有沒有內附支票的信件給她。爸爸聽完後心痛地問：「女兒，你生活費不夠？」那一刻，Judy 覺得自己好像做錯事，心裏許多掙扎。

雖然收入不穩，但她也為自己訂立了一個目標——每月賺 20,000 元以上。她覺得自己也算幸運，現時每月都總有份萬多元的短期工，加上一些小項目的收入，總算可以應付開支。她享受著作為 slash 簡單而多元的生活，在這種平衡中她找到了自己，仍然無悔。

3.2.3 Slash與分享經濟模式（share economy）

矽谷目前最火紅的明星公司 Airbnb 和 Uber，讓全球成千上萬的人擁有了第二份收入。在先進城市，除了類似平台之外，還興起了很多如運動健身、教育、私廚美食、美容美甲按摩、旅遊服務、技能知識分享、時尚買手代購等平台，這使得大量相關技能擁有者能夠擺脱機構的束縛，直接為使用者提供服務。除此之外，Facebook、Instagram 也成了推廣自家品牌很好的方式，只要有一技之長，就能利用各種電子平台獲得額外收入。試想像一位身兼多種技能的斜槓族，他在這些分享經濟的平台上提供服務、賺取收入的機會可以有多大。

未來，經濟組織模式也將發生變革，那種把人集中固定在同一時間和場所的傳統工作方式將逐漸被靈活、合作式的方法取代。資本經濟時代的管理，假設人是懶惰的，因此僱員需要被嚴格管理，於是他們被安排在固定的時間和固定的場所做着無聊的重複勞動。這套管理和企業組織方式在知識和創造力時代已不合用，因為人只有在自主和自我驅動的狀態下才能擁有最大的創造力。

事實上，組織創新早已經在矽谷如火如荼地進行着，有些企業的員工擁有着極大的自由度來選擇與誰工作，參與什麼專案，在哪裏工作，以及何時工作。Facebook 的總部之所以為全球最大的開放工作空間，是因為他的企業文化強調「自由、開放」。執行長與一般員工無異，大家工作時可以互相交談、隨時走動。Facebook 和 Google 同樣給員工很大的自由度，他們可自選上班時間和地點。有人甚至大膽猜想，隨着優秀人才的需求以及他們本身可選擇機會的增加，傳統的僱傭制度甚至會慢慢轉變成合作模式，以致企業必須找優秀的人才合作，否則難以招聘優秀的員工。

3.2.4 Co-working space 應運而生

隨着 freeter、slash 等新工作族類的出現，一些新興行業亦應運而生，其中一種就是共用工作空間（co-working space）。它支援自由及彈性工作者，包括提供較便宜的工作空間、人際網絡和工作機會。不少 freeter、slash 是從事創意工作的創業者，這空間提供了人際網絡的頻繁接觸，較容易讓這些自由工作者找到合作機會，或在創新概念上擦出火花。

Co-working 一詞早於 1999 年由美國的 Bernard De Koven 創造，他指的是人與人之間能「平等地一起工作」（working together as equals）[3]。這概念是出於他正在探索遊戲設計的方式能否促進人與人之間的工作。但 De Koven 的工作模式主要是在電腦及數碼空間中合作，直至 2005 年由另一位數碼工程師 Brad Neuberg 把 co-working 的概念延伸至實體的空間。他把倉庫打造成休閒場地，讓幾位從事科技產業的工作者共用，他發現人與人之間的工作方式，需要面對面的接觸才更有效地建立互信和合作。此後，共用空間在世界各地如雨後春筍般湧現，現今美國已超過 700 個，香港亦有數十個。

Co-working space 是讓沒有辦公室的人士，租用開放式的工作空間。這些工作空間可以是一張辦公桌，共用一張長桌子或一間會議室，視乎各人的需要。它亦提供一般辦公設施如電源、WiFi、茶水間、打印機等等。在租金昂貴、家居空間有限的大城市，不失為踏出創業第一步的合理選擇。

若果矽谷的成功因素是將科技公司集中在同一地方而帶來「協同效應」，那麼共用工作空間的一項主要功能就是營造微型版的矽谷。

比較高檔次的共用工作空間會設在黃金地段，甲級辦公大樓，裝潢和硬件上無懈可擊，相當於大公司的辦公室；而且都有定期舉辦創業講座及活動，講員不乏知名創業家、投資基金經理或天使投資者。香港 IT 界其中一個頗負盛名的共用工作空間是 CoCoon，據聞在短短幾年間已凝聚成一個創業者和投資者的社羣，並為創業者募集了超過 1,100 萬港元的資金。當然高檔次的共用工作空間收費較昂貴，並非每位自由工作者能負擔得起。

但共用工作空間亦有一些是平民檔次的，日租可以低至港幣 100 元，它們設在交通方便的商業或工業區，純粹提供舒適的環境及一般辦公設施。例如在香港的 Desk-one，它們結合了咖啡館和共用工作空間的概念，以相宜的租金，讓自由工作者安心舒服地辦事，毋須擔心被趕走。它們的理念參考自韓國的一些提供簡單飲食及共用的工作空間。

3.2.5 Slash 代表社會進步

Slash 的出現，也是社會發展的結果和進步的表現。這種進步使得人類能夠擺脱「工業革命」帶來的專職限制和束縛，讓人的天性得到釋放，回歸到人類應有的本色。那麼，人的天性應該是什麼？在人類狩獵採集時期，當時人類面臨着危險和多變的生存環境，因此，他們不得不通過訓練讓自己獲得隨機應變的能力和全面的生存技能。儘管環境多變，但他們卻不乏生活樂趣，因為幾乎每天都能接觸新鮮事物，還能發展和運用不同技能。

由此可見，祖先們的生存環境早已決定了我們的天性就是喜歡多元的生活，喜歡利用不同技能來應對新挑戰。然而，農業革命和工業革命先後把人類限制在固定的土地和固定工作場所，從事沒有多少挑戰性的重複勞動。於是，「專業化」成了人類社會的常態，也成了這個時代的當然。不管是學校教育還是後來的職業發展，我們都在努力讓自己變得愈來愈專業化，以便成為生產鏈上的一顆螺絲釘。

相信 slash 在不久的將來會愈來愈流行，並成為新一代年輕人所熱衷的生活方式。這種生活方式更符合人性，而且在後工業時代，服務業將慢慢成為最大的產業，這包括教育、健康娛樂、文化、藝術、旅遊等等，未來必將有大量人才湧入這些行業。服務業與工業最大的區別就是，服務業不涉及生產，交換的大多為個人技能、知識和時間，沒有很長的產業鏈，也不需要大規模合作，很多情況下，個人就足以成為一個獨立的服務提供者。如今，互聯網的發展又為此類服務業的發展提供了很好的平台，為供應者及需求者兩方解決資訊不對稱的問題，讓彼此能夠直接進行交易。

註

1 壹讀（2015）。〈全球就業狀況調查顯示自由職業並不僅限於職業運動員〉。擷取自網頁 https://read01.com/xmaNE8.html

2 香港青年協會（2016）。〈新生代的彈性就業模式〉。《青年創研庫 17》。擷取自網頁 http://yrc.hkfyg.org.hk/files/yrc/Youth%20IDEAS/Employment_Economic/YouthIDEAS017_Flexible%20Employment%20of%20Today's%20Youth/Flexible%20Employment%20of%20Today's%20Youth%20-%20Full%20Report.pdf

3 Bernard Louis De Koven, The Coworking Connection. Retrieved August 5, 2013. From http://www.deepfun.com/the-coworking-connection/

3.3 工作旅行的求索人生

若把年輕一代的煩惱假設是無法置業，那是社會對他們的誤解。沒有房子，確實曾是不少年輕人的煩惱，但如今他們已經不會守着巨額房貸，縛手縛腳，成為「樓奴」。這樣的想法，十分過時，有學識的新一代，他們的世界觀早已改變。與其等候排隊上公營房屋，期待樓市崩壞，不如把握當下，讓自己離開狹小的環境，放眼世界。

這些年為工作旅行（Working Hoilday）出走的香港年輕人不少，到訪的國家有十個之多，包括澳洲、英國、新西蘭、南韓和日本等地方。勞工及福利局的數據顯示[1]，2014 年有萬多名青年參加工作假期計劃。以往七、八十年代到外國的年輕人，只有一個目標，就是完成學業。如今，參加工作旅行計劃的有不少是大學畢業生，還有的是在職人士，把心一橫，撇下工作出走，為的是給自己一個喘息空間，思考未來人生。

如果有足夠條件，年輕人不妨考慮參加工作旅行計劃。能親身體驗不同文化的生活，這些經歷，一輩子也用不完。看多了，也許會明白城市和鄉鎮發展的巨大落差，大都會的多元文化是怎樣互相衝擊，社區如何面對高齡化問題。當中有不少體驗，非常值得出走一趟親自觀察。

工作數年後，能出國看看，給自己一段休止的空間，讓身體稍稍歇息，精神心靈得以調整。雖然有人在工作旅行幹粗活，身體疲憊，即或如此，這樣的精神調適仍有其價值。在不同文化的衝擊下，可嘗試重整自己的人生座標，生活追求，日後回望，那將會是刻骨銘心的寶貴時光。人生絕對不只是身處的狹小斗室，而是廣闊無盡的想像空間。

法國小説家卡繆曾説過，旅行有助我們找回自己。對某些人來説，旅行是極致的自由；出走，是為了認識不知道的自己，尋找自己。在旅途中，我們也許會發現自己沒有安全感，也沒有想像中勇敢，或發現自己很渺小，要學的還很多。

3.3.1 旅行出走的文化想像

政大哲學系畢業的台灣藝人陳綺貞，自出道以來，一直被樂壇和粉絲譽為「音樂哲學家」。2004 年發表單曲〈旅行的意義〉，首創在咖啡店、書店等非傳統的寄賣通路推出，首日發行就已賣出 500 多張，至今銷售已破兩萬張。在單曲音樂錄像中，陳綺貞騎着摩托車，戴着附有飛行眼鏡的哈雷安全帽，灑脱離開情人的影像，都是相當具有指標性的，追求自由的旅人形象。陳綺貞的專業宣傳團隊反復使用這個形象，不斷在媒體宣傳中出現。陳綺貞頓然成為「旅人」的同義詞。可是，這個迷茫的旅人，雖然看過了許多美景，品嚐了夜的巴黎，踏過下雪的北京，卻仍然迷失在地圖上每一道短暫的光陰，説不出愛的原因，也説不出離開的原因。這樣的描述正好是當下年輕人出走旅行，尋找生活意義的寫照。

日本流行音樂文化研究學者毛利嘉孝在其著述[2]中，交互詮釋流行音樂文化的消費，和日本當時的社會政經現象，藉此了解流行音樂文化背後的產製邏輯與社會現象，及其互動關係。在文章中，他將流行音樂和特定族羣飛特族的生活型態連結：當代社會在後資本主義的文化生產邏輯下，資方藉由產製社會對「文化創意工作」的想像，使「非典型工作」或合約員工等工作彈性化的現象，等於可以自由、彈性地決定生活作息。

在這樣的想像脈絡下，飛特族並不對日益惡化的勞動條件感到擔憂，反而對自由的生活更加憧憬。這個現象不僅反映出後資本主義時代彈性勞動的趨勢，更點出文化創意工作在被建構的過程中，不僅只有資方的建構，工作者亦有親身實踐參與其中。

借用毛利嘉孝的流行音樂研究回望本土處境，可以發現台港兩地有許多相同之處：高工時、低工資、工作高度彈性化的情況日益嚴重。以此觀察陳綺貞近年的旅人形象建構，不難發現背後對「自由」的訴求，正巧切合毛利嘉孝研究中，年輕人在勞動條件日趨惡化的社會，對於「自由」以及從事文化創意工作的想像。

註

1　獨立媒體（2014）。〈年逾萬人赴澳工作假期〉。擷取自網頁 http://www.inmediahk.net/node/1034625

2　毛利嘉孝（2009）。〈J-pop：從創意的意識型態到 DiY 的音樂文化〉。《新聞學研究》，第 101 期，頁 215-244。擷取自網頁 http://mcr.nccu.edu.tw/word/2447512013.pdf

3.4 小結：彈性工作主流

在這窮忙世代，我們的工作模式起了變化，員工能在同一機構服務一生的狀況已不復存在。飛特族的出現有被就業環境所迫的，也有自願的。前者需要提升個人技能及累積經驗，發展某類專業一技之長，避免零散的低技術工作。後者則須善用自由的時間尋找夢想，從事更多創新工作，為自己及社會帶來更多新的機會。「斜槓族」應屬於較多經驗的工作人士，能發展不同專長，在社會找到不同的工作機會。這類通才更能適應多變的社會狀況。

年輕人感到職場沒有昔日的穩定工作，加上抗拒死板的工作模式，不如選擇彈性的打工生活，樂得自由的上班方式，成為自由工作者。他們當中，有些是完全自由職業者，能依靠不同的技能來獲得收入，有些則身兼一份朝九晚五的工作，但在工作之餘利用才藝優勢做一些喜歡的事情，來獲得額外收入。

旅行工作亦可算是自由工作的一種獨特方式，一般而言，這類自由工作屬短暫性質，以一至兩年為限。旅行工作一方面可以讓年輕人體驗不同文化的生活經歷，了解不同城市的發展模式及生活可能。另一方面，他們可透過旅行工作，認識自己更多，想像自身的可能，也發現自己的渺小和限制。

乘着分享經濟的潮流，促進了獨立自由的工作方式。例如，共用工作空間應運而生，給了自由工作者便宜、方便、靈活的工作及聯絡空間，有些更提供創業培訓及資金籌集的機會，更促進飛特族、slash 等新工作族類能持久運作。

下流世代上流人

出走遇見更美好的人生

James 很年輕已經嘗試創業。那時每天朝七晚十二，工作很辛苦，收入不算理每天的精神狀態繃緊，與合夥人、同事相處的時間很長，一天是十多小時，大家可以想像他們在工作上產生磨擦的機會甚多。結果家庭和自己的健康都受很大影響，甚至影響夫妻關係。

新公司開始時，度過了一個蜜月期，大家相安無事。但蜜月期過後，衝突就很容易發生，例如爭執、誤會，經常為一些小事情吵起來，因為大家都承受很大壓力。當時忙得整個人好像是被困住一樣，試過晚上造夢，叫醒老婆，着她去包外賣。這個時期，與其他人的社交生活基本上都沒有了。兩年後，他覺得這樣忙碌的生活不能繼續下去。於是決定趁未到 30 歲要去一次工作旅行，一方面休息，一方面體驗外國生活。

出發前，他生活的負擔也不輕，還要供樓。他對工作旅行的認識也不多，只是看過一些資料，見人家以剪羊毛、摘水果為生，覺得很夢幻，也可以說是頗浪漫的生活方式。James 認識的朋友當中，只有一位曾經去過工作旅行，所以大部分資訊都是從他口中所得。當時去工作旅行的人不多，James 產生了一份冒險的興奮。雖然家人有些擔心他們旅途上的安全問題，但也沒有阻止。

苦樂參半的工作

出發時，James 夫婦的心情是浪漫多於憂慮，他們心裏也覺得只要要求不太高，找一份工作應該會是容易的。抵埗時是當地的冬季，他們沒有找到農場的工作，兩星期後才找到工作，但完全不是他們所想像的浪漫。太太先找到工作，在電影院清潔吸塵，而 James 則在一家賣炸魚（fish & chips）的快餐店廚房工作。這家店是新開的，開始時有十個員工輪班工作，James 的太太後來也加入。

工作上也遇過困難，最初語言不太通，與同事溝通不太清楚，出了錯。有同事懷疑他根本沒有飲食業的經驗，只是濫竽充數。幸好後來解釋清楚，同事也接受了，才冰釋前嫌。工作旅行的職員流轉量很大，因為多數人只是短暫工作，在某個城市停留一陣子便去另一個城市工作，繼續旅行。兩個月後，其他同事都陸續離開，只剩下他們夫婦倆。

老闆是阿爾巴尼亞人，很信任員工。有一次，老闆要去另一個城市辦事，便把店舖的門匙交給他們，吩咐他們開店、關店，把當天收到的錢存入銀行。他們倆如此運作了一星期，老闆才回來。真的沒想到，他們在異地當了一星期老闆打理整盤生意。這次過程很特別，老闆這種信任使他們感到十分驚訝。

旅途上曾經遇上治安問題，有一次租了車，自駕遊玩，晚上回來的時候，以為把車停泊在租車公司旁邊便可以方便明早交還汽車。殊不知早上收到租車公司電話，説他們的車給人損毀了，James 要賠償。工作旅行開始了不久便要賠償萬多元，預算很受影響，心情當然沉了下來。

原來生活可以很簡單

曾經去過工作旅行的人，都會説自己生命的基因改變了。工作旅行是一種較為無拘無束的生活，沒有太多的包袱，壓力也自然會少一些。一般會是勞務的工作，毋須管理其他人或負責預算等等，算是輕鬆，可以享受生活。但現代人總是在一份不能滿足的工作上，沒完沒了，是件痛苦的事。

他太太從前是當記者的，工作時間長也不定時；而他以往開食店，工時很長，兩人每天見面不到半小時。工作旅行的生活卻很簡單，每天定時上班下班，下班後還可以一起吃飯。飯後，可以逛逛市場，散散步，生活十分穩定、愉快。

在旅途中，生活並不需要很多東西，為使行李輕便，他們出發的時候只帶上幾件衣服和生活必需品。旅程中，他發現原來簡單的生活也可以很快樂。工作旅行的目標是以最有限的資源去最多地方，嘗試不同的東西。它不像平時放假去外地旅行，想要什麼東西都隨意買，以信用卡結帳也毋須考慮太多。工作旅行，支持自己的只有微薄的收入，有限的資源，所以開支要計算得更小心。

由於他們的積蓄有限，計劃整個行程也得相當謹慎。到了不同地方，會先了解當地的文化，尋找一些免費節目，如開放的音樂表演綵排。這樣就可以最少的消費儘量體驗當地的生活文化。

一般參加工作旅行的人都不算有錢，揹着個舊背包，過着最簡單的生活，穿着一般的衣服，也不用什麼名牌子，鞋破了便修補它，但生活仍然很快樂。

簡單的人生

工作旅行完成期限清晰，目標簡單，時間一到就回來了。若完成了三個月的工作，便可能有足夠的金錢去三個月的旅行。用完了儲蓄，便再工作三個月，然後又可以去玩。可以説，工作旅行的人所追求的就是簡單的生活和旅行的體驗，工作是為了旅行，旅行是為了體驗生活。當兩個目標都可以達成，工作旅行的人就得到那份滿足和快樂。

日常生活，我們以不同的標準去衡量事物。當我們不能達到這些標準時，便感到不滿意，總是覺得不快樂。這些標準，許多時都是外在的要求，是社會、是身邊的人給我們定的，我們無法忽視或置之不理。喜歡去工作旅行的人可能就是追求那短時間的自由，不用理會那些外在標準，過着簡單無拘無束的生活。當回到自己的地方，工作的意義會起了明顯變化。工作的最大目標，已不再是為了競爭，向上爬，而是努力工作，儲蓄金錢，預備和期待下一趟工作旅行。

經過一次工作旅行體驗，改變了他生活、消費的模式。現在，他會小心考慮自己的需要後才買東西。若果是為擁有而擁有，他就覺得是浪費了。他的太太回到香港後，則定了一個目標，就是除非衣服破得沒法修補，否則一年內不買新衣。

實現夢想，環遊世界

有人說，曾去過工作旅行的人，必然會有第二次的出走。五年後，James 再次出現工作疲累的狀況，希望再來一次較長的休息。辭去工作，準備第二次旅行，實現環遊世界的夢想。許多人有夢想，但願意實踐的人卻不多。人不願意實踐夢想，也許是懼怕失敗，也可能是太多包袱，所以放不下身段去實現夢想。他們出發之前，要考慮的事情不少。兩人反復自問，要放棄工作和穩定的收入，值得嗎？身邊朋友也很關心他們回來後的生活，再找工作會否有困難。剛巧這段時間，他們看了一齣電影：《哪一天我們會飛》。電影的女主角正正是要環遊世界，她說，「夢想應該是當你就快要停止呼吸的時候，仍然覺得一定要做的事情」。這句話解答了他們的疑慮，叫他們毅然再踏上旅程，實現兩人的夢想。

第一次工作旅行快將結束前，James 確曾憂慮回來後的工作機會和生活費等等問題。但第二次的旅程，因為已經有了經驗，他心裏很平安，沒有一點憂慮回來後如何找工作。在兩次的旅行中，他們看到生活可以很簡單，但快樂。生活的種種憂慮其實是出於對未來的恐懼，但這些恐懼也不一定發生，人總是憂慮一些未知也未發生的事情。他認定只要要求不太高，工作的機會還是不少的。想不到第二次旅程回來後，他很快就找到工作。這次旅行亦使他的太太找到新目標，就是放下記者的工作，全時間修讀神學。

年輕人窮嗎

一個大學畢業生，初入職工資有 14,000 元，以 3,500 元為家用，扣除強積金，會剩下約 10,000 元。如果一個月有 10,000 元花，不會是窮。再扣 1,500 車費，還有 8,500 元。如果一日三餐 150 元，每月 4,500 元，剩下還有 4,000 元。由此來看，他覺得香港人並不窮，問題只是錢如何花。年輕人許多時用錢沒預算，沒有用得其所。例如他們會着迷地追求新型號的手機，如果能停一停，想一想自己真正的需要，一定要最新的型號嗎？一定要名牌嗎？有些年輕人並非不能找到更理想的工作，而是放不下某些價值思維，以為只有拿到大學學位才是唯一出路。其實有些工作如廚師、烘培師，收入比大學生還高，只是年輕人不願放下身段探索這類行業。放下身段需要勇氣，打破生活框框，年輕人卻生活在溫室，忘了真正生活，真正的自己，只是隨波逐流。

James 在幾次的旅行中，發現自己真正喜歡什麼，發現自己面對逆境能力有多少，另一方面，工作旅行讓他更認識自己未來的方向和興趣所在，他會把時間和金錢投資在自己的目標和興趣上。他發現自己很喜歡冒險，過一些簡單的生活，適應力也不錯。所以他已認定，應該會有第三次悠長的旅行。

下卷

上流生活

區祥江

第 4 章

你窮嗎？忙嗎？有夢嗎？

上卷分析了年輕人在工作上的困境、轉向與掙扎，我看到不少的工作新趨勢都是跟窮與忙相關的，例如，在收入不多或算是「窮」的情況下，年輕人要找到一個心理和生活上的平衡和慰藉，小確幸可説是一帖舒緩劑，在接受現實的前題下，尋獲個人生活的空間。這是有創意的做法。

至於飛特族的出現，我看是對「忙」的一種反動，既然，忙並非在追尋個人夢想，為何不放下一些工作方式的框框，活得自由一點？不過，有時飛特族可能是一種反叛，多於有效擺脱事業上的困局。

至於 slash，我想是對現代事業的多變一個不錯的回應，就是我們要加強自己的職業技能，以應付不同的工種。這也符合我們的志趣發展。過往不少人投身一種行業，總感到那行業局限了他的全人發展，其實我們的才幹是多方面的，slash 可説是一個健康的變奏。不過，專才也有它的價值，要緊是你如何選取。

在我看來，窮和忙都不要緊，要看是否忙得有價值，窮是否一個短暫要忍耐的階段。更重要是我們是否找到自己工作的夢想。

我以「窮」、「忙」和「夢想」三個不同的組合來一個隨想，你看自己處在哪一種狀態。

狀態一

窮	忙	夢想
✓	✓	X

假若你不斷在忙，而這種忙是與收入不對稱的，亦沒有朝着自己的夢想進發，所做的並不是你喜歡的，只是為生存，這種忙就失去了意義。若你因為這種忙而失去追尋夢想的機會，你可能要認真思考自己的前路，或找一份相對沒那麼忙的工作，好等你有空間尋索前路。

狀態二

窮	忙	夢想
✓	✓	✓

若你忙碌是對你追求的夢想有貢獻的，這種忙仍然是值得的。若你的夢想不是要賺大錢的，在夢想未實現之前，可能要忍受一段「捱窮」的日子，既然有夢想如星一般在前頭引路，你仍然可以積極生活下去。

狀態三

窮	忙	夢想
X	✓	✓

也許當你努力了一段日子，你所追求的夢想有了一些回報，你仍然忙碌地為自己的夢想努力，這算是一種快樂的忙吧！還算是不錯的狀態。

狀態四

窮	忙	夢想
X	✓	X

這個是不少人的工作現況吧！無疑，工作能給予你相應的報酬，但有時候忙到一個地步，不禁要停下來問自己，我的工作給我滿足感嗎？我會否迷失於案頭的工作而失卻了對工作的熱誠？或者像內地流行作曲家汪峰在《存在》一曲中的呼喊：

「誰知道我們該去向何處
誰明白生命已變為何物
是否找個藉口繼續苟活
或是展翅高飛保持憤怒
誰知道我們該夢歸何處
誰明白尊嚴已淪為何物
是否找個理由隨波逐流
或是勇敢前行掙脫牢籠
我該如何存在」

這是給在繁忙中迷失了自己的人當頭棒喝。

狀態五

窮	忙	夢想
✓	X	✓

這可以是一種很知足的狀態，雖然窮，卻不會因為忙而不去追求理想，好好過自己的生活。這類人可能看透，明白物質上的貧窮，不等於精神上就不富足。事實上，這是我在下文要討論的問題，我們的確可以在窮的情況下，過着豐盛的生活，這是近年正向心理學給我們的啟迪。一個豐盛（flourishing）的生活可以自己悉心經營的。

狀態六

窮	忙	夢想
✓	X	X

這種狀態屬於閒懶「不結果子」嗎？一方面呻窮，但自己又不願付出努力去為理想打拚，會否在消耗着自己的生命？

狀態七

窮	忙	夢想
X	X	X

這會是一種對生命無欲無求，但又可能是沉悶的狀態。

狀態八

窮	忙	夢想
X	X	✓

這應該是最理想的狀態，有理想，生活不需要為經濟而擔憂，在不趕忙的生活節奏中，找到生命的滿足。看到這些組合的可能性時，你或許不難發現，要解決窮忙族的一個關鍵，是我們的個人夢想，知道自己為何辛苦為何忙，就可以熬過去。

以下三章我想向年輕的窮忙族建議三條出路。

第 5 章，找到自己的夢想和聲音。這題目我在另一本著作《改寫未來的 9 種生存力》已有提過，在這裏重述一下。

第 6 章，面對「忙」的問題，我們要學曉時間管理（time management），包括要對什麼 say NO，如何判斷事情在時間上的輕重緩急，更重要的是知道運用時間（time spending）與投資時間（time investing）的分別。

第 7 章，針對「窮」的問題。正向心理學家 Martin Seligman 提出的豐盛（flourishing）包含五個元素，以此作為參考，讓年輕的窮忙族可以校正自己對富貧的看法。希望這些能破解在窮忙狀況下你的困擾，朝向有夢想、不忙亂，而又豐盛的生命。

第 5 章

找到自己的夢想和聲音

5.1 為自己導航

面對多變的外在環境，與其隨波逐流，不如反客為主。我相信每個人都要成為一個自我導航者 (self-navigator)。一個成功的導航者要有幾個重要的條件：

1. 他要知道自己的需要，他想往哪兒，自己有否能力勝任；
2. 他對身處的環境要有所認識，才能知道從自己身處的地方到目的地，需要怎樣的裝備；
3. 過程中或有高高低低的經歷，在錯誤中摸索前行，但要堅持不放棄，以致最終能完成自己的目標。

找到自己的聲音和使自己忘我的召命（voice and flow）是本章先要討論的。

傳統的職業輔導是將個人的性格、能力、學歷等因素，與職業市場配對，有人認為這種做法已經不合時宜；原因是個人與市場是兩個不斷在轉動的目標（moving targets）。在這種流動的互動下，很容易為求職者帶來焦慮，不單個人在變，市場的變數更大，上卷已多次強調，一生人打一份工的日子過去了。倫敦商學院（London Business School）2015 年發表 Y 世代（一般指 1981 出生的人）研究報告指，超過一半受訪者（53%）甫入職已打算在三至五年內辭工，37% 人更表明會在 24 個月內離開。

調查機構估計，從現時報告所見，大部分 Y 世代畢生將會有 15 至 16 個僱主。這樣計算下去，Z 世代（指千禧年代出生的人）一生可能有 32 個僱主，即每一至兩年就會轉工。

2015 年香港一所機構發表的「第三季度工作趨勢報告」（Randstad Workmonitor）顯示，儘管香港的千禧世代剛開始工作，但卻頻繁轉換工作環境，每五個人中就有四個考慮轉換現有工作。

與年長的世代相比，在 1980 年至 2000 年出生的香港千禧世代對長期服務某間機構的熱情降低了，他們更希望能嘗試不同的工作。換句話説，我們要有心理準備，在自己的工作生涯中，會有不少轉變。

5.1.1 為自己找到一個定點

找到自己聲音的概念是管理學大師 Stephen Covey 在他的名著《第八個習慣》(*The Eighth Habit*)提出的。

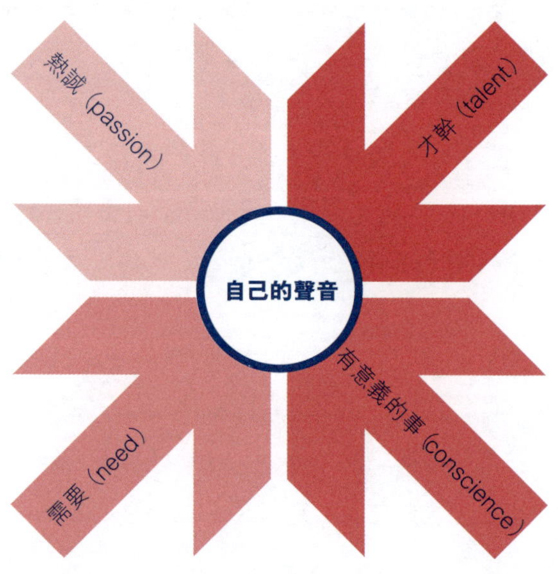

Covey 認為人生在世,最重要的是要找到自己的聲音。他認為當人能運用自己的才幹、對自己所作的抱有熱誠,並能回應外界迫切的需要,而你內心持定信念,確認這是對的和有意義的事。這個人就算是找到自己的聲音。那個交集處,就是你的心聲、你的召喚、你的靈魂密碼。

Covey 認為，能否找到自己的聲音對人是一個天壤之別的抉擇。無論男女老幼、富有貧窮，每個人都在以下兩條路中抉擇：一是通往平庸、寬廣而易行的大路，這路是生活中的捷徑和權宜之計；另一條則是通往卓越和意義的道路。通往卓越的路可以釋放人類的潛能，並將之轉化為實際，是由內而外、逐漸成長的過程。

每個人的內心深處都有一種渴望，就是活得卓越而有所貢獻，過着真正重要、有所作為的生活。Covey 相信每個人都能下定決心放棄平庸，活出卓越。每個人都擁有決定過卓越生活的力量，無論在通往平庸的路上走了多遠，我們永遠可以選擇轉換跑道，永不嫌晚。

一位年輕的高級肉食代理商，唸大學時，一心想做律師，畢業後卻從事了肉食代理。原因是他從小已夢想做生意，而且對美食充滿熱情；但礙於父母是知識分子、專業人士，也希望他成為專業人士，故此他不作他想，修讀法律。唸法律時，他深被「公平」這個觀念吸引。想到成為律師不過是想幫助人，若他能為客人帶來安全健康的食物，也同樣可以幫助人。於是畢業後沒有披上律師袍，反而是創立自己的食材公司。

我為這些青年人找到自己的聲音而高興，人一旦找到了內在的聲音，就能擴展影響力、增加貢獻，也激勵他人尋找他們的聲音。而「激勵（inspire)」一詞的意思正是「把生命注入他者」。

5.1.2 運用才幹帶來忘我的快樂

研究沉悶的專家 Cynthia Fisher（1998）為沉悶下了一個定義，沉悶是一種不快、短暫的情緒狀態，當事人對面前的工作任務缺乏興趣，並難於集中精神。忘我（Flow）則是一個與沉悶恰恰相反的狀態。

忘我由正向心理學家 Mihály Csíkszentmihályi 提出，描述的是一個過程，一個人完全沉浸在他投身的活動的心理狀態，他感覺充滿活力和焦點，充分參與其中，並取得成功感。這一概念已被廣泛應用到職業領域。能創造忘我的經驗，也正是應對沉悶的最佳方法。

我們可以用工作任務所需面對的挑戰的高低，以及當事人的技巧能力高低來理解這兩種不同的狀況。

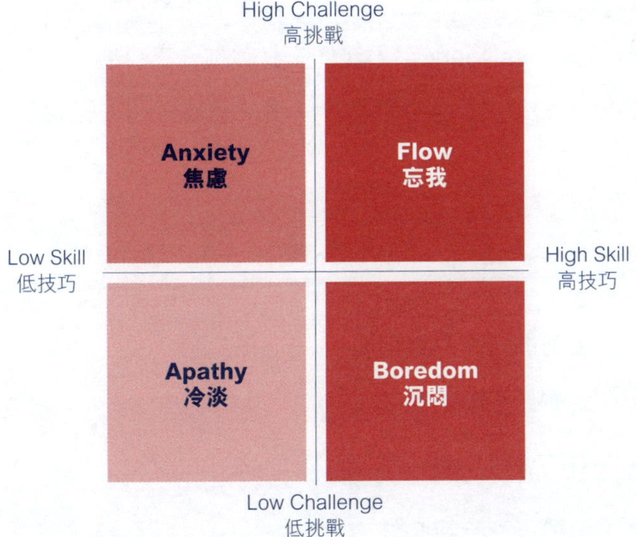

- **沉悶**：當事人的技巧能力高，但工作任務所需面對的挑戰偏低；
- **焦慮**：當事人的技巧能力低，但工作任務所需面對的挑戰的偏高；
- **冷淡**：當事人的技巧能力低，而工作任務所需面對的挑戰亦偏低；
- **忘我**：是當工作任務所需面對的挑戰與他的技巧能力相若，便能幫助他進入這種感到暢快的狀態。

每個人的才幹都不同，現代心理學的研究也強調人有多元智能（multiple intelligence），我們不應強迫自己發展不是自己強項的才能，而是要找一些發揮個人才幹的機會，這才是達致忘我的秘訣。

Mihály Csíkszentmihályi 提出進入忘我的條件如下：

- 當前的任務具挑戰性
- 我們能集中精神
- 有明確清楚的目標
- 能取得即時的回應
- 有一種深入而不花氣力的參與
- 我們有充分的掌握
- 時間像停下來一樣

你若細心分析這些忘我的條件，不難發現這與一些你參與的任務有關的。雖然我們討論的範疇以工作上的忘我居多，但忘我並不局限於工作。很多人在工作中找不到樂趣，便會發展一些個人興趣，不少興趣能引領我們進入忘我的狀態，例如，畫畫、與朋友夾 band、跳舞等。不過，因為工作佔據我們不少時間，若能在工作間經常出現忘我的狀態，豈不是更加理想嗎？

5.1.3 當你能以忘我

忘我最容易出現的時候，是當你運用你強項的時候。雖然每個人都有強項，但我們卻較常專注自己的弱點，專注於強項是一個相對較新的概念。研究表明，運用你的個人強項，可以增進個人健康、幸福和成功感。但傳統來說，我們卻採取相反方向，試圖找出並解決自己的弱點和問題。雖然這是令人欽佩的嘗試，但現實上能改進的地方不太多，如果你花太多時間致力於改善你的一些弱點，實際上可能是徒勞的。

與此相反，正向心理學的研究發現，集中你的精力於你的強項，比改善弱點更有成效。這並不是說你不應該設法改善你的弱點，只是大部分精力，倒不如放在改善你的強項更理想。

你怎麼知道你的強項？

以下是一些找出自己強項的建議：

- 與你信任的人傾談，對了解你的強項可能會有幫助。他們可能已經注意到一些連你也不知曉的強項。他們可能是你的家庭成員、朋友、老師或輔導員。

- 人經常稱讚你什麼？有什麼特定的領域是人們常常讚美你。嘗試回想這些東西是什麼——這可能意味着這是你的強項所在。

- 哪些方面是你最值得驕傲的？有什麼東西是你感到自豪，這可能意味着這是你強處所在。

- 什麼技能你很容易學會？如果你已經有一些能力很容易上手，很大機會它就是你的強項。

- 什麼時候你感到最能活出你自己？這也可能讓你了解你所擅長，和什麼使你快樂。

5.1.4 遇上的驚喜

Stephen Covey 認為尋找自己的聲音時最難掌握的是社會的需求。不過，我們也不用太擔心，應該抱一個開放的態度，多接觸不同的事物和經驗，或者在碰碰撞撞的過程中，你會遇上意想不到的機會。

史丹佛大學職業專家 John Krumboltz，發展一個職業理論稱為「計劃性巧合理論」(Planned Happenstance)。他認為人能夠達到目前所在的地位、擁有目前的能力，大多不是靠設定目標來達成，而是由於許多未曾預期的偶然與巧合，才逐漸形塑、達到現在的成果。在一個不斷變化的事業市場，我們對自己的生活只有有限的控制權，事實上不少不能預測的社會因素和偶發事件會影響我們職業的選擇。Dr. Krumboltz 憶述他成為心理學家的過程，是他在大學選科的時候，因找不到人請教，而教他打網球的業餘教練是大學的心理學教授，當 Dr. Krumboltz 向他徵詢選科的意見時，這位教練不加思索就鼓勵他選擇心理學，他當心理學家完全是一場偶遇。

在 John Krumboltz 職業理論的核心，強調一些不確定的社會因素和偶發事件，往往是影響一個人生命的種種決定。面對職業抉擇的人，鼓勵你們善用這些偶發事件（chance event)。例如我們要有好奇心探索不同的學習機會、要有持久力去克服一些障礙、要有相當的彈性和柔軟度面對環境中的變數，即使已經下定決心要做某事，一旦環境與狀況有所變動，也能夠隨之調整，讓自己具有變化的彈性；也懷着樂觀的態度來看待偶發事件，使之成為你最大的幫助。

有一位工程師，修畢工程後卻成為了咖啡烘培師，更建立了自己的咖啡品牌。原來他發現，自己喜歡唸工程，但並非想成為工程師。他說：「之後亦從事過不少文職工作，但愈做下去，才愈清楚自己是喜歡與人有互動的工作，所以就去連鎖集團邊做邊學習成為咖啡師。」學成後便自立門戶創業了。

我回想自己當心理輔導員也是一連串偶發事件引發的，我中學時期夢想當醫生，所以修讀理科和生物學，但高考的成績未及入讀醫科，便退而選了職業治療。當時只知它是輔助醫療，也不知道這行業的內情。在學期間才知道要修讀精神病學和心理學，這些科目引發我濃厚的興趣。在學科要求以外我讀了不少心理學相關的書，對人性和人的故事十分感興趣，這些經歷使我進深追求事業的理想，也是我畢業後再進修心理輔導的原因。我看不能唸醫科是一個偶發事件，從中卻找到適合自己的學習興趣和方向，本來是一個考不進醫科的挫敗經歷，卻成為我事業的轉捩點。

5.1.5 尋找你的熱誠

若你問身邊的朋友，很多人都説自己缺乏熱誠，沒有熱誠就像一輛車沒有燃油一樣，沒有動力，心中沒有火。找到自己熱誠所在的人，願意為自己的熱誠、夢想犧牲，在所不惜，例如，有不少人放下高薪厚職做自己認為有意義的事，所以，當考慮自己的熱誠的時候，先不要從經濟角度入手，若你有熱誠的事業能帶給你豐厚的經濟收入，這當然夠理想；但不少我們有熱情的事，未必帶來很高的經濟回報。

Passion 其實有部分是從你對自己的認識中發現出來的，例如你的興趣、才幹所在，往往能指向你的熱誠所在；但熱誠有部分是你創造出來的，你對一件事物或任務很有負擔，你看到它的意義，它要你投身作先行者，例如近年不少社企都是由一些有心人，希望透過發展社企來幫助弱勢社羣，能找到自己一個貢獻社會的途徑。Passion 除了指向一項職業、興趣外，也可以指向一個羣體，作為你投注熱情的對象。

若你仍未找到自己的熱情所在，可以給自己多一點嘗試新事物的機會，多參加一些新的興趣班、離開自己的安舒區，試一些你以前不敢試的事物，到外地旅遊（或上卷提到的工作假期），擴闊自己的視野等，都是尋找熱誠的好方法。

網上也有一些幫人尋找熱情的測驗，筆者覺得也不妨一試的，http://www.thepassiontest.com 它讓你先選 15 項你的熱誠領域，然後替你慢慢篩選，最後你能找到五項你最有熱誠所在的領域。

最後，或者我們會被要尋找到那「終極熱誠」(ultimate passion）所嚇怕，好像非要找到不可，要是找不到就枉過一生，找錯了就恨錯難返。誠實問自己，什麼是你的關懷（care about），朝着這個方向去找吧！路到底會愈行愈清晰的。

5.1.6 找出對和有意義的事

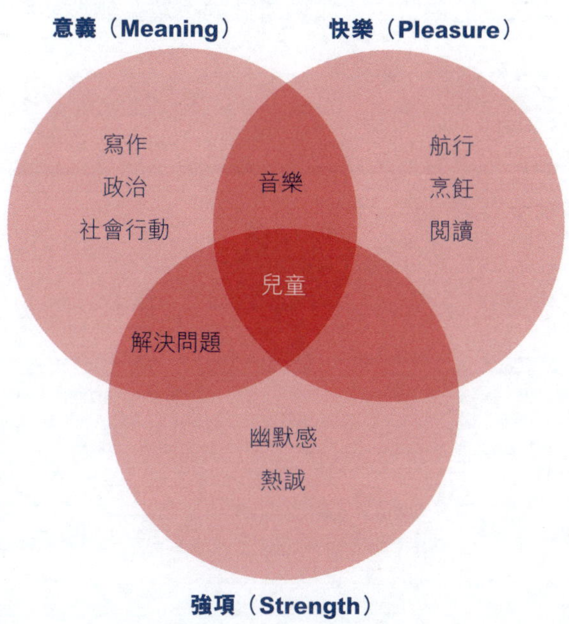

筆者十分喜歡正向心理學提出，尋找自己夢想的時候，意義的重要，這也是 Stephen Covey 最後一個向度：確認這是對和有意義的事（conscience）。我們不單要運用個人強項，在過程中感到快樂，所做的事情還要有意義。

意義是一個價值的選取，我們的價值觀，會受個人宗教、信仰、人生哲學所影響。除了意義，Stephen Covey 提出的是一個不會違背自己良心的決定，我們所做的不單要無愧於心，更要緊是能否為這世界帶來一些貢獻。

尋找自己的聲音是一個過程，但這過程值得你投放時間，找到了，你就不再窮忙。

5.2 尋找的代價

我們可以 James Marcia 的身分狀態分類，來理解在尋找自己聲音過程中兩個要素，就是尋索是否足夠，以及是否願意為自己尋索的夢想付上努力。

James Marcia 以尋索（exploration）及委身（commitment）程度分辨出四種職業身分的狀況。包括：

職業身分

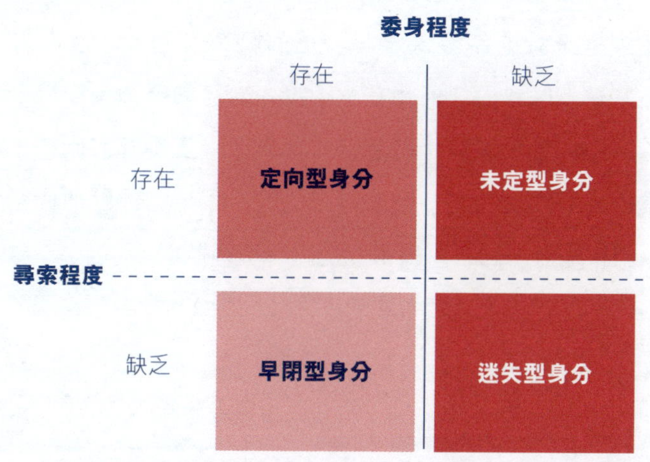

1. 早閉型身分（foreclosure）

處於早閉型身分的年輕人，從未經歷過身分危機。他們未曾詳細尋索就過早建立身分，而且此身分是以父母的選擇為基礎，而非來自自己的選擇。他們老早已決定委身於某職業和意識型態。但這種投入只是基於父母或權威人物的評估，而非來自自主的自我評量。早閉型身分是一種假身分。它通常過於僵化和呆板，所以無法幫助他應付未來的危機。前文提及想做生意卻選擇了唸法律的青年人，就學時是這種形態。

2. 迷失型身分（identity diffusion）

迷失型身分的年輕人沒有一定的職業方向，一方面是因他們不去尋索，以致對任何職業都不投入自己的努力。對於未來的目標和方向，幾乎沒有什麼想法。他們像一隻不知方向的小船，在職業的大海浮沉。有些頻密轉工的青年人，當你問他們想做什麼，他們總是無法回答，很可能仍處於這種狀態。

3. 未定型身分（moratorium）

處於未定型身分狀態的年輕人會試驗不同的職業，但尚未作最後的委身。他們正處於身分危機當中，而且正在檢驗人生不同的選擇。

4. 定向型身分（identity achievement）

定向型身分是一種堅實統整的身分狀態。此時的年輕人對自己的職業已經做了足夠的探索和明確的決定。他們是在自主、自由的狀態下做這些決定。這些決定反映他們真正的本質和心靈深處的投入。

以這個理論來看，我們可以解答不少年輕人在尋索時的困惑。

第一，尋索心之所向會否很費時？

我們看到早閉型身分的年輕人，有時太早停止尋索；而未定型身分的卻因不斷探索，沒有下決定和為自己選定的方向努力。所以，探索過程不宜過短或過長。我想不少年輕人三十歲前仍在尋索，未決定自己的夢想，也是十分普遍的。但過了三十而立仍猶疑不決，可能有點太久了。事實上，這與第二個問題是相關的。

第二，尋索心之所向與認識自己的關連？

我相信一些職業興趣的測驗，有助你找到 Stephen Covey 尋找聲音的四個向度，特別是自己的才幹和熱誠所在，多作自我認識，對達致定向型身分的狀態是十分需要的。

另外，對於找到自己的聲音的年輕人，他們仍然必須作一個委身的決定。例如找到自己的興趣所在，或須要付上很大代價才能達成，你是否願意付上代價呢？又或者已在從事一些職業，但距離理想很遠，放棄現在不理想的職業去尋求理想的代價會否太大？若因為這些考慮而卻步，我會覺得很可惜。正如《聖經》中耶穌都曾說過這樣的故事。

「天國又好像買賣人，尋找好珠子，遇見一顆重價的珠子，就去變賣他一切所有的，買了這顆珠子。」(〈馬太福音〉十三 45-46)

要是你已經找到自己的夢想，計算過代價之後不妨勇往直前，為自己的理想打拚，一定不枉此生。

第 6 章

追夢者的時間管理

當我們找到自己的夢想、召命或聲音之後，當前的挑戰就是在繁忙的生活中，如何劃出空間追夢。

6.1 做重要但不緊急的事

我推介一套個人管理學家提出的時間管理模式，十分有用（參 Stephen Covey，*The 7 Habits of Highly Effective People*；中譯《與成功有約》）

他把時間運用分為四個方式，見下圖：

時間管理模式

	緊急	**不緊急**
重要	**I** 活動： 危機處理 催迫性問題 有時限的計劃	**II** 活動： 預防性工作 建立關係 發現新的機會 計劃、休息娛樂
不重要	**III** 活動： 打擾 電話、短訊、信件 報告會議 社交應酬	**IV** 活動： 無所事事 電話、短訊 電視

你會發現我們日常活動受兩個因素決定：這活動是否緊急和是否重要。

緊急的事通常十分顯眼，火燒眉毛，需要我們即時處理和關注。余光中先生曾以《催魂鈴》為題，寫電話在香港人的生活中，緊急如催魂鈴，大多數人都不能忍受電話響而處之泰然。昔日說的電話，今天就是 WhatsApp 和 Facebook 的即時訊息。

重要的事與成效有關，若某些事情重要，它一定對我們的異象、價值、夢想和首要目標有所裨益。

我們通常先回應緊急的事，重要而不緊急的事兒，待我們自發抓緊機會，才能辦得到。

第 I 格是既重要又緊急的事情，這包括一些危機、有死線的計劃等。對窮忙族來說，在社會上找到一席位，或在事業上可以上流，大概是屬這類。我們每個人生命中有很多這類事情，但這方格，若不斷膨脹幾近支配我們，我們便會落入如下圖的境地：

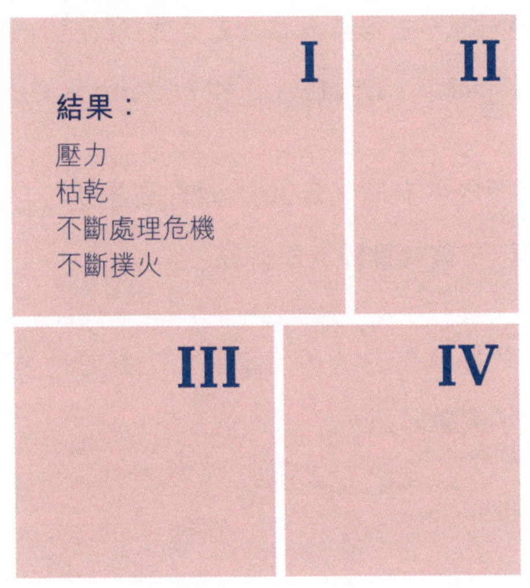

而很多人為了逃避這結果，把空閒的時間全花在第Ⅳ方格的活動上。我認識一位處理保險投訴的朋友，日間有極多緊急而又重要的事情要處理。他回到家中，竟然可以不斷看電視至深夜兩三點呢！

也有一些人花了大部分時間在緊急卻不重要的事情上，誤以為第Ⅲ方格的事情是屬於第 I 方格。他們為了滿足別人的期望而忙個不停，後果堪虞：

I	II
III 結果： 短視 危機處理 為了名利而善變 缺乏長遠計劃 覺得失控 淺薄或破碎的關係	IV

作者 Stephen Covey 認為，不緊急卻重要的事情，是有效的個人管理核心。這些事情包括一些預防性工作、關係建立、長遠的計劃等。我們往往明知這些事情重要，但總是找不到時間好好完成。主要是覺得它們並不緊急。但這些事情，若能處理恰當，能帶來不少好處，如下圖

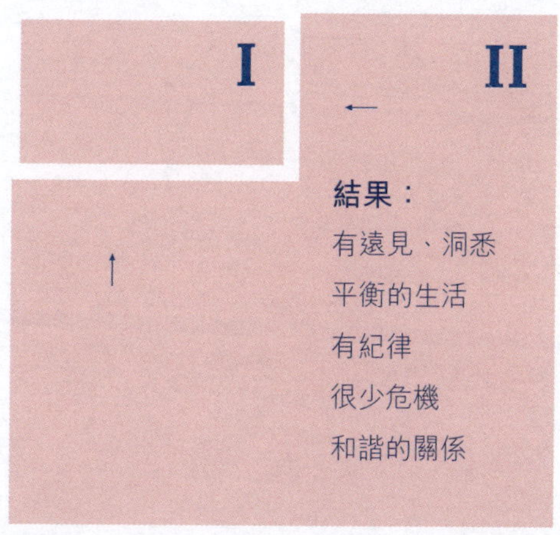

若以這時間管理模式來反思，我認為窮忙族，需要關注的不緊急卻十分重要的事情包括：

- 認識自己在這人生階段裏的發展任務；
- 接納自己在這階段窮和忙的狀態，但不放棄尋找人生的方向與意義；
- 學習認識及追尋自己的夢想；
- 拓闊自己對成敗的標準；
- 在新角色帶來的關係中，不斷探索及拓闊自己的領域。

6.2 向「忙」say NO

在工作上忙碌可說是人在江湖身不由己，當然，我們都要盡自己工作上的責任。有一些額外的工作要求或加時工作（Over time），我們仍然要學習 say No。年輕人要向上司說不談何容易，但並非不可為。

除了工作，年輕人也有不少應酬，有的是為了建立人際網絡，有的是找朋友「吹水」減壓；但一些無謂的應酬，若花費太多而忽略了自己夢想的追求，我們就要學習向別人的要求、約會的邀請說不。

Greg McKeown 在他的著作 *Essentialism: The Disciplined Pursuit of Less* 中提出一個正面 say NO（The positive No）的建議，十分值得參考。

他指出，當我們對一些事情說「不」的時候，其實是對自己生命中覺得有價值的事情說「是」。這是一個此消彼長的道理吧！你向一些對你不重要的事說「不」，才有時間對 Stephen Covey 所指，重要但不緊急（Important but not urgent）的事說「是」。此外，我們要調校自己的思想，當我們說「不」，並不是拒絕那個人，而是拒絕那個邀請而已。我們是為了一個更長遠的目標（long-term goal）而放棄得到短暫的喝采（short-term popularity）。

他建議我們如何正面地說「不」，共有三個步驟：

1. 以對自己的優先次序説「是」作開始——

   「我正努力完成我這個學習的目標」或「我定了在未來這星期要完成我的……」

2. 接着指出因為這優先次序帶來時間上的衝突——

   「我因為這個重要的目標，所以這個時段，我要放棄另外的一些邀請，集中時間和精力去完成我的計劃。」

3. 提議如何回應對方的要求——

   「雖然我未能幫助你，我可以介紹另外一些人給你。」

6.3 當要用時間來換金錢的時候

或許對窮忙族來説，還有一個很實際的掙扎，就是在經濟不足的狀況下，可能要找得一份兼職才能夠維持基本生活的要求，若兼職成為偷取了我們追求夢想的罪魁禍首，我們又能夠怎樣呢？

想起陳奕迅的《鉈飛輪》歌詞敲響的警號：

「曾付出　幾多心跳
來換取一堆堆的發票
人值得　命中減少幾秒　多買一隻錶
秒速　捉得緊了
而皮膚竟偷偷鬆了
為何用到盡了　至知哪樣緊要

記住那關於光陰的教訓
回頭走天已暗
你獻出了十吋　時和分
可有換到十吋金」

可恨的是我們不是要多買一隻錶，而是過一個基本的生活，也是在燃燒自己的生命。或者可以考慮一個一舉兩得的做法，就是那些兼職能與你追求的夢想連上關係。例如，你喜歡看電影，最終想做一個編劇或導演，要讀電影你又要儲錢交學費，在自己本身的工作之外，你大可以找「臨記」的兼職，既有收入，又有機會接觸電影這個行業，這可以是一個雙贏的考慮。

這個做法令我想到另一個時間管理的觀念，就是時間使用與時間投資的分別。

6.3.1 時間使用與時間投資

我們常掛在口邊説要如何消磨時間（kill time），但對窮忙族來説，時間比金錢還重要。若以投資的角度來看，我們投資金錢是尋求美好的金錢回報。若時間花了，對追求夢想卻完全沒有增益的話，那就是一種無謂的消磨。我們要問的是時間的投資回報如何（return on investment）。

加上這個角度，我們更容易分辨何為重要，哪種邀請你應該能輕易説「不」。以下是一些例子。

- 去參加一些每次去後都留下不快感受的朋友飯聚，還是去參加一些活動，擴展你的興趣、視野，從而認識多一些志同道合的新朋友。
- 做兼職多賺一些錢來買心頭好，還是進修學習，為自己增值和裝備。
- 花時間與同事放工後吹水，還是去向職業上的師傅請教。
- 在電視機前不斷轉台，指頭機動地在手機畫面上亂滑，還是參加一項令你身心暢快的活動。
- 花時間幫其他人完成他們的目標，還是為自己長遠的目標努力。
- 花時間自怨自艾，與比你幸運的同輩比較，還是提振自己的精神，探索成功之道。
- 花時間不斷滿足身邊親友的要求，還是用時間計劃將來。

6.3.2 一星期的斷與捨

近年有一本十分流行的書，名叫《斷捨離》。其實斷與捨的觀念不單可以應用在家居整理上，我們一週的日程也需要檢視收納呢！雜亂不只可以形容家居狀況，我們的生活也會堆積了不少無用、令我們感到忙亂的活動，令自己很大壓力，缺乏生活空間。

看看一週的生活裏面到底都裝了些什麼？裏面有哪些其實你並不需要的活動？

列出你最常安排的一週生活行程，先問自己：

* 這樣的行程太緊密嗎？
* 有時間預留給重要但不緊急的事情嗎？
* 有為自己追求的夢想投資時間嗎？
* 有足夠的休息嗎？
* 每天都可以慢慢地吃一頓飯嗎？
* 活動與活動之間有喘息的空間嗎？
* 放工後能享受天倫之樂嗎？
* 有足夠運動嗎？
* 這樣的行程，過了一週後，你會感到很大壓力還是快樂舒暢呢？

若以上的問題大多是否定的話，表示你這週已經擠得太多活動了，生活已到忙亂的程度，所以第一步要立定心意，「斷」絕新的應酬和任務，要向發出邀請的人説聲「不」。我的經驗告訴自己，一些重要的事情先要在日程表上佔一個位置，不要空着，例如定了一週有兩晚到公園散步，先在日程表上佔一個位，否則這些看來不重要又不緊急的事情，就會被一些未必重要卻看似緊急的事取代，那麼，那些令自己重新得力的活動就此消彼長，一週過後就後悔自己太多雜亂無為的活動。

「斷」是不容許不必要的約會或活動加進自己的行程中，「捨」是檢視恆常的活動，就是那些對你並非必要、會加重你心理壓力的活動，認真考慮「減」去。正向心理學建議我們要多做一些有 flow 的事情，即一些對你來說是有挑戰、能運用才智、能容易看到即時效果的活動，一旦你能全心全意的投入，時間就很快過去，完成後又有滿足感。在下一章談貧窮與豐盛時再詳談。

簡單來説，作出取捨的時候，問自己這活動能給我正能量嗎？你做完之後會感到滿足嗎？回答肯定的就可以保留，回答否定的，在職責範圍容許下應該減去，為自己設計一個最理想的一週行程，那麼，你生活就會零雜務、有作息的空間。對窮忙族來説，騰出的空間就可以追求夢想了。

6.3.3 窮忙族需要學習「安息」

Abraham Joshua Heschel 是猶太裔宗教哲學家，出生於波蘭，二次大戰時在納粹德國迫害下失去母親與姊妹，後來移民到美國，成為一名猶太教拉比，在美國猶太神學院（Jewish Theological Seminary of America）擔任倫理學教授。他集學者、作家、神學家於一身，一生追尋真理、自由和信仰，他的作品廣受基督徒歡迎，他最具影響力的作品除包括：*Man is Not Alone*, *God in Search of Man* 等。

想起我們香港人，耗盡一生的工作時間，也只能辛苦換到一間窩居時，我想起 Heschel 一本非常具影響力的小品《安息日》（*The Sabbath*），他為科技文化（technical civilization）定調，現代人的文化是要征服空間（conquest of space），但我們卻忽略時間的重要。甚至是以消耗時間來換取空間，我們香港人在居住空間的問題上，一生受着高樓價的困擾，窮一生工作的時間，只能換到一個細小的生活空間，對「以消耗時間來得到空間」感受至深。Heschel 説得好：「在時間之域中，生命的目標不是擁有，而是存在；不是控制，而是分享；不是征服，而是和諧共處。」當征服空間、獲取空間中的物質成為我們單一的人生目標，我們人類就走錯了路。

我們日常用語中，會以 killing time 來形容無聊打發時間過去，其實這與現實正正相反，我們是被時間吞逝（time kills us），我們只是換轉説法，使自己好過。

他指出時間是永恆的，世界的事物會過去，時間卻永存。我們不應該説時間在流動，而是空間和物質在時間裏流動；不是時間消逝（time that dies），而是我的身軀在時間裏死亡。

我們努力工作而不懂得安息，是對生命一種忽略，我們需要安息日，讓我們慢下來，想想「時間」的問題，想想自己在時間流轉中消逝的生命問題，我們需要休息，有時間欣賞大自然創造的美麗，慶祝生命不同的時刻。有質素的休息，可以給我們餘裕的感覺。有時我們忙到人生只是為了「排列組合」，把活動排列組合使自己的生活密麻麻的。這時就要放進適量的「休止符」，當我們得到優質的休息時，我們的人生才能奏出美妙的樂章。

除了學習休閒，工作時間運用、工作時間計劃，對窮忙族都是重要的學習，有時沒好好管理時間，導致工作堆積、拖延和趕死線，會令到自己變得忙亂。一些 to do list 的手機應用程式或教時間管理的書籍，一週工作的日程表編排等，這些電子工具對我們時間管理都是有幫助的。我想讀者不難找到適合自己的時間管理輔助工具。

時間管理上，我認為最重要還是找到重要的事，專心放進自己的日程，努力做出一些成果來。看看以下的名句，你就明白我的意思：

“One of the very worst uses of time is to do something very well that need not be done at all.”「一個最差勁的時間運用，是把一件無需要的事情做得頂好。」

所以不妨記下你的時間用在哪些活動中，用以下四項問題來檢視一下。

- 我現在所做的事情，有否一些根本是不需要做的？
- 有哪些事情是不用我參與，其他人可幫上忙的？
- 哪些事情是我要學習如何更有效律去完成的？
- 我有沒有正在浪費別人的時間？

何謂時間上的富與窮

時間上的富足	**時間上的貧窮**
我有很多空閒時間。	我的生活十分匆忙。
我有足夠時間做我須做的事。	我經常從一處地方走到另一處地方。
我的生活可以很悠閒。	一日的時間太少。
我有時間做我認為重要的事情。	我感到事情真太多。

最後，祝願年輕人掌握到以上的時間管理技巧之後，能夠做一個在時間上富有的人。

第 7 章

以豐盛生活跨越物質貧窮

窮忙族的處境不是一下子能扭轉的。在職貧窮者即使有職業，卻是零散的工作，甚至是臨時、低薪和發展機會有限的職位。要透過進修獲取認可資歷，或累積相關的工作經驗，這些都需要大量時間和金錢的。上一章已討論過如何做好時間管理，好騰出空間來進修與自己職業夢想相關的課程。而在財政壓力下如何平衡自己的生活，倒是窮忙族需要掌握的。

首先，我們要知道物質的貧窮只是貧窮的一種，一個人在不富有或貧窮的狀況下，仍然可以活得快樂，因為一個人除了物質之外，我們還有心靈、人際關係、人生意義上的富足。簡單來說，我們可以透過豐盛生活來跨越物質的貧窮。筆者近年對正向心理學非常感興趣，正向心理學的鼻祖，Martin Seligman 在他的新作 *Flourish: A Visionary New Understanding of Happiness and Well-Being* 提出我們過豐盛生活的五個元素，簡稱 PERMA，包括：

P：Positive emotion 正向的情緒

E：Engagement 投入參與

R：Relationship 正面的關係

M：Meaning 意義

A：Achievement 成就

窮忙族雖然忙，物質條件不理想，惟透過這五方面的發展和培育，他仍然可以過一個相當豐盛的生活。

7.1　P：Positive emotion 正向的情緒

在窮和忙的情況下，我們難免會因忙碌而感到生活壓力，或者因貧窮而顧影自憐，為什麼別人的處境比自己好？心情好壞對我們整個人有很大的影響。心情不好的時候，我們會缺乏動力、容易用沉溺的嗜好來麻醉自己，也容易放棄自己，做一些不智的決定。所以，窮忙對年輕人來說是一個持續，不能於短期內逆轉的生活狀態，能保持良好正面的情緒，例如：平靜、感恩、滿足和盼望等正向情緒，對窮忙族十分重要。特別是樂觀感和盼望，這正向情緒能幫助我們正面看待當前的境況，知道只要自己持續努力，總達到夢想。

7.1.1 樂觀感與盼望

Seligman 是樂觀感理論的權威，他認為樂觀感有三個向度，首先是如何理解自己的處境，例如一個人如何理解他遇上失業。

第一方面是有關對個人的衝擊幅度的理解，這是一個全盤的失敗，自己變得一無事處；抑或是將衝擊局限於某一方面，如只是工作上出現困難，其他層面如家庭卻不受影響。

第二方面是有關責任誰屬或有關歸因的問題。樂觀的人不會將問題只算到自己的頭上，他會看到這是外在因素及個人責任交錯而成的情況，看得比較合乎中度。

最後一方面是有關逆境要持續多久的問題，樂觀的人看困境是短暫的，很快就會過去；悲觀的人卻看困境很難解決，自己可能被困一段很長時間。

不過，在正向心理學中，也有一些理論是與樂觀感相關的。就是盼望心理學（Psychology of Hope）。同一個名詞，不同的人有不同的理解，一般來説，當我們用盼望這個名詞，都是關於對前景的看法，在這個意義來説，它跟樂觀感相關，一個對前景有盼望的人是一個樂觀的人。

但這些名詞放在心理學家手上，要界定名詞的概念，所以，它跟日常用語未必相同。盼望心理學專家 Snyder 談盼望時，是指一個人有否為自己定目標，當朝向目標遇到障礙時，他會否想盡辦法跨越障礙；又或者要達到目標需要一段長時間努力，他是否有那份毅力，持之以恒完成目標。所以，他對盼望的理解是與目標緊扣的。

Snyder 在 *The Psychology of Hope* 一書中，提出了盼望的一條公式，他認為：

盼望＝意志力 + 達到目標的尋解動力

（Hope = Will power + Way Power）

要達到這目標，就需要運用我們的意志力，朝着目標，抱着面對困難也不放棄的精神，另外，一個樂觀和有盼望的人，他相信問題是有解決方法的；困境是有出路的。所以，面對當前的困難，他會想盡方法解決（Way Power）。Snyder 對盼望的理念建構與筆者將要討論的標竿人生關連較大。

不過，基督徒輔導家 E.Worthington 對盼望的觀念提出修正，他增加了等候的元素（Wait power），它與我們所指將來的向度較接近。修正後的公式是：

盼望＝意志力＋尋解動力＋面對沒有改變時的等候力

Worthington 所指的等候力，與 Seligman 的樂觀感的理論建構的最後一個向度相關，就是逆境要持續多久的問題。Seligman 的看法是樂觀的人看逆境是短暫的，但我認為 Worthington 等候力的觀念更強，因為人生有不少處境是不容易逆轉的，例如，要照顧家中長期病患的家人，即使曙光未現仍相信黑夜會過去，不放棄繼續等候，是一個對將來有盼望的人的表現。在這情況下，宗教信仰能發揮作用，例如不少基督徒，因為相信世界和自己的命運是掌握在所信的神手裏，他們較容易相信看似不可能的事都會發生，這加強了他們等候的能力。筆者也聽過不少年輕人為了自己的夢想花了好幾年時間來裝備自己。近年香港體壇也有不少佳績，如單車、羽毛球、拳擊、桌球等。我相信這些為香港人爭光的運動員，都是抱着樂觀和盼望的精神去奮鬥。

7.2 E：Engagement 投入參與

Martin Seligman 提出投入參與的觀念，指出投入參與時能帶出忘我的狀態。在第 5 章討論尋找自己的召命和聲音的時候，已有詳細的描述。在這裏簡略提一點，是跟窮忙族有關的。我們投入參與自己喜歡的工作或呼應自己夢想的工作是比較容易的。窮忙族能找到的工種有時候未必容易投入，難以進入這種工作時忘我的狀態。當然，一些比較多運用創意、要我們專注才能完成的工作任務，是較容易帶動 flow 的出現。若在工作中找不到忘我的機會，我也鼓勵窮忙族在工餘，儘量找一些興趣或活動，能讓自己全情投入的。這算是給自己一種在工作未能進入忘我的補償。這樣，我們會覺得生活有多一點朝氣。

7.3 R：Relationship 正面的關係

從正向心理學的角度來看，關係是我們快樂的泉源之一，當然，人際關係處理不當，也可以是我們的煩惱所在。對窮忙青年來説，交朋友是需要時間和交際費用的，小心選擇和經營至為重要。

社交媒體是現代人一個很強大的社交網絡，很多失散了的舊同學、舊朋友都可以透過這些網絡的搜尋器尋回。當你 Facebook 的朋友組羣愈來愈大，你要與他們維繫關係花的時間也愈多，看看朋友新的 post，或在旁邊點讚加 like，這才算是朋友呢！也有聽過在 Facebook 上顧此失彼的困難，被朋友投訴你為什麼「like 他不 like 我」。這是現代人際關係的新現象。另一個煩惱是你如何決定 add 一些邀請你成為 Facebook 上連繫的朋友，這些網上邀請你的人可能在網下是素未謀面的。應用斷與捨的觀念，我們也要想想人際關係的斷與捨。你實際可以維繫多少朋友關係。

人類學有一個系數叫：「鄧巴數」(Dunbar's number)，是英國的人類學家鄧巴 Robin Dunbar 提出的，也稱 150 定律，是指能與某個人維持緊密人際關係的人數上限，通常人們認為是 150。這個數量包括熟悉的老同學和老同事。

150 也不是一個小數目，維持 150 人的社交圈子一定有親疏之別，哪些人可以進入你的 inner circle 是一個重要的考慮。我們可從社交支持角度看。社交支持（social support）是社會科學研究的重要概念，它與心理健康是息息相關的。一個孤立無援的個體面對生活壓力或疾病的能力，遠遠不及一個有足夠支援系統（support system）的人。在心理輔導的個案工作中，其中一項必須評估求助者的狀況的，就是他 / 她有沒有足夠的支援系統。一個有足夠支援系統的人，可以從這些支援網絡中，得到實際的支援（tangible support），如經濟上、實務上的協助等，以及情感上的支持（emotional support），包括一雙善於聆聽的耳朵、一句鼓勵的說話、寂寞時的友伴等。

7.3.1 好朋友不可少

朋友之間的感情很多時候是經過一些共同的經歷所建立的，例如一起讀書的同學、一同工作的同事、一起返教會的教友、共同參與某個興趣組羣的組員等。朋友之間貴乎彼此交心，互助互勉，有來有往。若以實際的支援，以及情感上的支持來衡量，我發覺能夠留在你的 inner circle 的，大多數是有付出有收取（give and take），有來有往的雙向關係。完全單向的關係很難持久。

我一位神學院老師 Lewis Smedes 以五個 A 字開始的英語名詞來總結好朋友的素質，這大概可作為你篩選朋友進入你內圈的準則吧：

1. **Affection**（親切）：好朋友彼此相悅，像一對穿慣了的拖鞋，失去時才發現他存在的重要。
2. **Advantage**（有益）：好朋友是對彼此有益的，這種是雙向的有益，否則就變成被利用。
3. **Admiration**（欣賞）：好朋友互相欣賞對方獨特的氣質，透過彼此的相遇，可以感染對方的風采。
4. **Accountability**（交代）：好朋友有勇氣彼此交代，這是一種敢於眼與眼接觸（eyeball to eyeball），告訴對方我期望你要持守的承諾。
5. **Accessibility**（易接近）：好朋友是在有需要的時候，隨傳隨到的，在你最痛苦的時候，在你身旁無言的同在。

在你希望得到朋友的接納和朋輩的歡迎之前，有否想過先擁有或培養上述作朋友的質素，你有這五個 A，就不愁找不到知心的朋友了。

7.3.2 尋找事業上的導師

年輕人除了需要朋友，也需要事業上的導師。

在西方很多年輕人，都以自己有一位導師為時尚，彷彿這是踏上成功的象徵。無疑，一個初入工作世界的年輕人，可說是他那行業的學徒，在經驗不足及地位低微的情況下，往往要依指示工作、從旁協助和學習，非經過一段摸索期，很難獨當一面。此時期若獲良師指點，他定能穩步向上。

若導師在同一機構內，基於導師多半處於高職，他可以運用自己的影響力，提拔後進，給予這個學徒一些富挑戰性的任務，提高他的曝光機會。當然，傳遞工作上的知識和技巧，導師勝任有餘。導師甚至可以在後進力有不逮或犯錯時，運用他工作上的權力，保護他免受太大的挫折。

在心理上，導師更可以肯定後進的工作表現，提供角色上的模範，甚至付出情感上的支持。

以上我描繪出一幅很理想的圖畫。在現實生活中，建立與良師的關係並不簡單，師徒之間往往涉及情感的聯繫，若處理不當這關係會演變成競爭或決裂，雙方都感到難堪與挫敗。

7.3.3 生命俱樂部會員

人際關係雖然重要，在忙碌和缺乏時間的大前提下，我們都要有所取捨。在敍事治療的觀念中，有一個重組自己人際網絡的說法。它鼓勵我們要以一個生命的俱樂部來看自己，我想這個俱樂部中有什麼成員呢？

成員的重組（re-membering）對我們的身分、事業發展十分重要，你詢問一個在事業上略有成就的人，他大概也會告訴你在他事業上的旅程，遇過不少貴仁、師傅、朋友，助他們一把，爬上職業的階梯。

這個生命俱樂部的會員不用局限於你生活中遇過的人物，一些你心儀的作家，他們寫的文字、分享的故事，會否對你也有助力呢？甚至某套電影中的主角，如 Forest Gump 等，也可以成為當中的成員。

通過回顧對我們有積極作用的人，並想像他們對我們可能做出什麼評論，他們可能給出什麼建議，或他們對我們的努力和成就的反應，我們甚至可以在逆境中獲得援助和陪伴。

如果這些人與自己沒有直接接觸，也許是因為與他們失聯，或因為他們不再活着。這些已離去的人，他們的故事可以通過你，作為他生命中的成員的回憶而變得豐富，他給你自我肯定的感覺，他使你感到有意義。這個過程創建了一個新的成長方案。透過增強與這些人相關的記憶，為自己創造一個連貫的敘事，成就現在的我，將他們的影響帶入現在。

7.3.4 誰享有生命俱樂部會籍？

在一個人際關係的課程上，我鼓勵學員以生命俱樂部的會籍，重新檢視對自己影響的人的會籍分級。

會籍分類	姓名
尊貴會員	
考慮將這些會籍升級	
普通會員	
考慮招收這些作普通會員	
考慮解除會籍	

7.4 M：Meaning 意義

人生的意義在於找到一些比生活更大的理想（a cause greater than ourselves），可為之而奮鬥，無論是為別人解困，令這個世界和諧一點、美麗一點等。存在主義心理學家 Viktor Emil Frankl 經歷過納粹集中營的艱苦生活，他說得好：He who has a why to live for can bear with almost any how.（意義就是給予我們存在的意義）。所以，我鼓勵年輕人在窮忙的處境下，仍然要找到自己存在的意義，也要確立自己在工作價值上的選取。

7.4.1 人生意義與存在的空洞

存在主義是一套哲學思想，但它卻可應用於輔導理論中，對窮忙族追尋夢想，往上流的過程，這套輔導模式有很多有用的洞見。

根據這套思想，我們不時慨歎「人在江湖身不由己」，彷彿自己沒有選擇的自由，存在主義強調我們是自己、生命的作家（author），我們選擇什麼，就決定我們過什麼樣的生活；即使不選擇也是一種選擇，我們不可以將自己生命好壞的責任，諉過他人。面對人生的規劃，不少時候要作取捨，例如做一份較高薪但不穩定的工，還是做一份低薪卻較接近夢想的工，就是這樣一個選擇。要是一個人對現時的工作不滿足，又因經濟緣故不願作出轉變，他就要承擔不轉變的責任。

存在主義強調，人最終是孤單的，不少人生問題如病痛、死亡，都得獨自面對，沒有人能替代。這種孤單的生命狀態，帶給我們一種存在的焦慮，我們若要活得真（authentic），就要自行去選，而過程中出現的焦慮，正正表明我們是一個自由的人，自由與焦慮是不可分割的。所以，當一個人尋求自我突破，我們並不需要除去他的焦慮；而是提醒他，焦慮是他成長不可或缺的一部分。

存在主義看人生是虛空和無意義的，這狀況稱為存在的空洞（existential vacuum），我們要透過投入生命來創造自己的人生意義。這價值意義的創造，鼓勵年輕的窮忙族要尋找生命的意義，不要以一些生命的贗品如物質、名利的追求，來取代人生真正意義的追求。詳情看下圖：

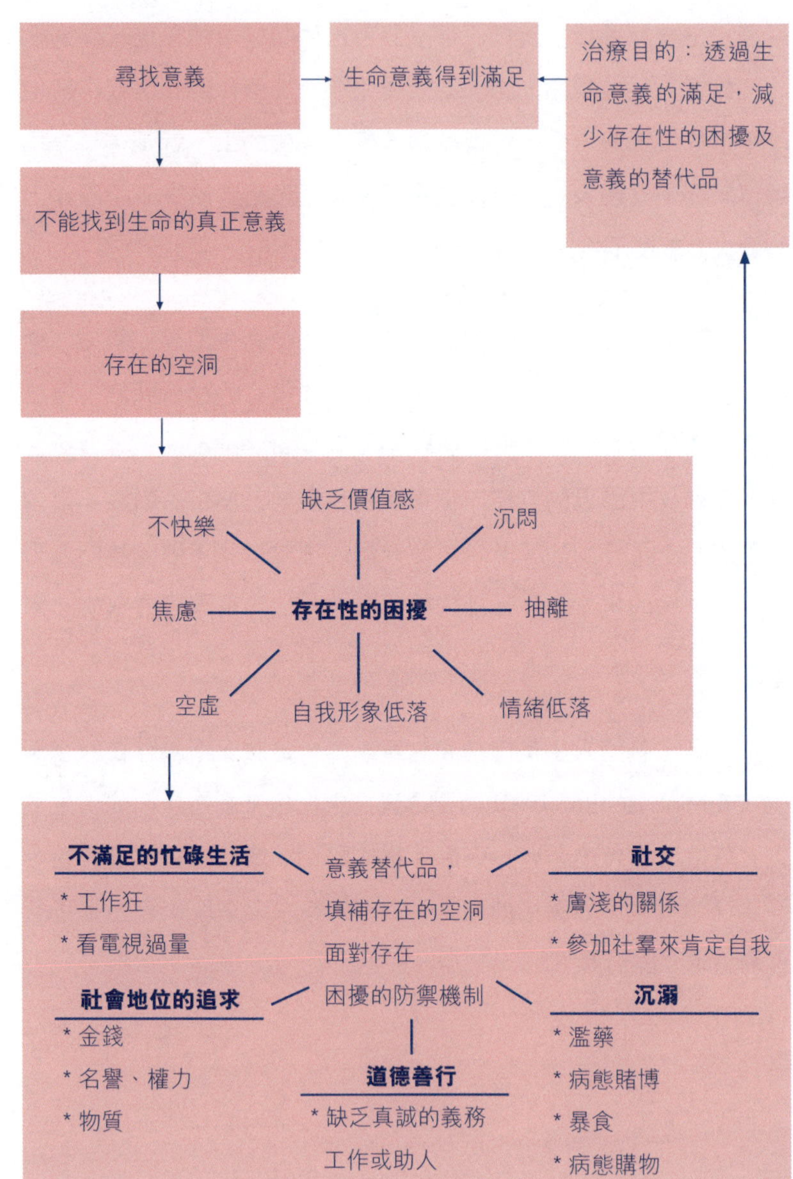

尋找意義
生命意義得到滿足
治療目的：透過生命意義的滿足，減少存在性的困擾及意義的替代品
不能找到生命的真正意義
存在的空洞
缺乏價值感
不快樂
沉悶
焦慮
存在性的困擾
抽離
空虛
自我形象低落
情緒低落
不滿足的忙碌生活
* 工作狂
* 看電視過量
意義替代品，填補存在的空洞面對存在困擾的防禦機制
社交
* 膚淺的關係
* 參加社羣來肯定自我
社會地位的追求
* 金錢
* 名譽、權力
* 物質
沉溺
* 濫藥
* 病態賭博
* 暴食
* 病態購物
道德善行
* 缺乏真誠的義務工作或助人

找不到人生意義，導致存在的空洞，而忙碌、金錢和物質的追求也可以是意義的替代品。而我們人生的意義亦與我們的夢想、召命緊扣。所以，最終我們都要先為自己的存在找到意義，才可扭轉窮忙這困局。

7.4.2 找尋你的價值觀

尋求工作的意義時，我們必須了解自己的工作價值觀。

價值觀可以說是我們個人處事、作決定時的基本信念和原則；它也是推動我們追求不同事物和滿足感的來源。例如，應用在工作上，能夠幫助人（Altruism），是不少社工或輔導員追求和滿足感受所在；價值觀也可以是我們個人評估成就和效能的標準。例如，我在這個工作崗位上，真正能發揮助人的效用嗎？

回答一些簡單的問題，就可以釐清我們的價值觀：

- 假如我有一筆巨款，我會怎樣使用？
- 我一生中最想得到的是什麼
- 我最大喜樂的來源是？
- 假如生命只剩下一星期，我會做什麼？
- 若在一場水災之中，我只能保留一個物件，我會留下什麼？
- 我理想的工作，必須給予我什麼？

工作價值觀是從價值觀的涵義衍生而來，簡單來説，工作價值觀為個人價值體系中的一部分，當我們從事工作時，以此評估有關工作、行為或目標的信念和標準，我們以此塑造工作的行為和追求工作的目標。最能顯示我們價值觀所在的就是在我們的選擇上。

所謂人各有志，選擇職業時，這個志向就是他的工作價值觀。工作價值觀表明了一個人通過工作所要追求的理想是什麼。

7.4.3 工作價值觀的檢視

工作價值觀可分為「外在」(extrinsic) 和「內在」(intrinsic):

- **「外在」**: 與工作性質本身沒有關係的，如薪金、工作時間、工作環境等；
- **「內在」**: 與工作性質本身有關的，如有意義的工作、工作性質多樣化、有美感的工作等。

我們選一個行業的特質多數是與「內在」的價值觀有關，但同一個行業也可以有很不同的工作環境和條件因素，這是與「外在」的價值觀有關的。年輕的時候，沒有家庭的負擔，我們可以不問工作的「外在」價值、為自己的理想拚搏。但隨着工作的時日多了，我們會多問一些「外在」價值的條件，這是很正常的事。重要的是我們要不時檢視自己的情況，作出相應的調節。

現時我們看到的工作價值觀的評估表有很多種，筆者比較喜歡使用 Donald Super 設計的工作價值清單 (Work values Inventory)。這份工作的價值觀項目有 15 項，包括以下各項。試看每項的註釋，並選出首三項最重要的價值觀及尾三項最不重要的價值觀。

工作價值觀清單

	工作價值觀項目	說明
1	能助人	感受到幫助他人的快樂。
2	美的追求	可以使世界更美好，增加藝術氣氛。
3	創意的尋求	發揮個人的創造力，發明新事物或設計新產品。
4	智性的啟發	有獨立思考及學習分析事理的能力。
5	成就感	獲得成就感。
6	獨立性	可以以自己的方式和步調去進行。
7	聲望	受到他人的推崇和尊重。
8	管理的權利	發揮督導或管理他人的能力。
9	經濟報酬	豐富的收入。
10	安全感	提供安定生活的保障。
11	工作環境	良好舒適的工作環境。
12	與上司關係	與主管平等且融洽的相處。
13	與同事關係	與志同道合的夥伴一起愉快工作。
14	變異性	工作富有變化，不枯燥單調。
15	能自由選擇生活方式	有充裕時間和假期。

首三項最重要的價值觀
1
2
3

尾三項最不重要的價值觀
1
2
3

對於窮忙族來說，第 9 項（經濟報酬）及 15 項（能自由選擇生活方式）都是你現在的生活工作場景未能給予你的，若你將這兩項放在優先次序很高的位置，你或許要調校自己的期望，和處理期望落差給你的負面情緒。反之，這兩項是你尾三項最不重要的工作價值觀的話，我相信你能努力追求自己的夢想，而放輕這些人看來是困境的情況。

7.5 A：Achievement 成就

我們可以從勝任感（sense of competence）來理解成就感，當我們掌握了一種技巧，不論是工藝、廚藝或體藝，增進技巧或完成一個任務的時候，我們都會感到滿足，因為能成就一些事情。

正向心理學為我們分辨出兩種成就，一種是非比較性的成就（non-comparative accomplishment）及比較性的成就（comparative accomplishment）。

非比較性的成就，是指我們完成一個任務之後，不需要與其他人比較高低。我們單從做這任務的過程中獲得快樂，這給自己是一個啟動性（agency）和操控性（control）的滿足。

比較性的成就雖然同樣給我們滿足感，但這只是一種啟動性和操控性的滿足。當我們被別人拿作比較的對象時，被比下去的不快感覺，很容易令我們感到自卑。

作為窮忙族，我們難免跟自己同一個年代或學校同一個年級的同學比較，他們的人生若一帆風順，不窮不忙的話，我們容易自慚形穢。所以我們要跨越自己窮忙的處境而能感到生活的豐盛，其中一個秘訣是不與別人比較。

7.5.1 比較帶來抑鬱

經常與人比較是我們不快樂的原因，特別與人比較的過程容易感到羞恥，覺得自己不及人，或感到自己的弱點暴露人前。但什麼樣的人會經常與人比較？研究發現，一個自我批判性（self-criticism）高的人，會不斷作出社交性的比較（social comparison）。一個自我批判性高的人有他的性格特徵，包括：比較着重自己的成就、愛與人爭競、並且對自己十分苛求。這種自我批判性高的性格導致情緒低落自有他的軌迹，見下圖。

自我批判性高的人，一方面會不斷與人比較，在比下去的情況下，他的工作表現和情緒都會變差。另外，他會有一種受困（entrapment）的感覺。感到裏外都受困，他不單不能逃離比較的現場，他亦被自己內心的負面情緒和思想所困。

我想起多年前一套名為《莫札特之死》(*Amadeus*）的電影，劇中另一位主角是薩里埃利，他是 17 世紀末 18 世紀初在歐洲頗具知名度的音樂家，在維也納當宮廷典樂大臣達五十年之久。是否真的如謠言所云，因妒忌莫札特的才華而動殺機，至今仍然是一個啞謎。亦因有這個傳説，加強了天才之死的神秘和浪漫。但電影中描寫他與莫札特比較下受情緒所困，是十分深刻的，最終他都是鬱鬱而終。

7.5.2 如何不與人比較

既然比較容易令自己不快，如何調效個人心態，避免跌進比較的陷阱？福樂神學院的心理學教授 Dr. Archibald Hart（1988）在著作，*15 Principles for Achieving Happiness* 為我們提供了五項正確思想，來面對與人比較引起的不快。

1. 其他人在一些領域上的技巧比我們高超，這並不代表他們就比我高人一等。
2. 每個人都有自己的弱處、限制和不安，當然他們也有自己的強項，在我眼中，我不應誇大或貶低他們的價值。
3. 大部分人都不想與我爭競，他們最想感到大家是平等的，而不是比我們低下。

4. 優越感和自卑對我和他人都是危險的，我要盡所能，不與他人比較。因為優越感會帶來傲慢，傲慢使人誤用自己的權力。
5. 與其跟人爭競，我可以在他人身上，找出他們好的特質，如仁慈、憐憫、及幽默感等。上天創造人人是平等的。

除了建立正確的思想外，正向心理學家（Lyubomirsky, 2007）也提供了一些驅走比較思想的方法。她提出解開思想糾纏的方法有：

1. **打岔法**：當你發現自己被比較的思想所困，找一些可以全情投入的事情去做，這可以打斷你這些負面的比較思想。
2. **叫停法**：是認知行為治療法的一種，趕走負面思想的技巧，當意識比較的思想出現時，可以大聲叫 Stop 或 NO，你的腦會突然空白一片，接着你要以一些快樂或正面的思想來取代這些比較的思想。
3. **分配時間來專注比較**：這方法有點弔詭，當你撥出一段專用的時間這樣做時，在時段以外的時間，要是負面比較的思想出現，你可以告訴自己，我已另撥時間去比較了，現在大可以不必想它呢！
4. **找朋友傾訴**：當負面比較的思想深藏腦海，它會不時突襲，將情況告訴一個可以信賴的聆聽者，你就彷彿擁有一位守護天使，他會聆聽和客觀地跟你分析，或許更會説一些肯定你的説話，釋除你對自己的疑慮。

5. **寫下比較的思想**：將這些負面思想寫下，嘗試找出比較思想經常出現的主題，例如你通常是將自己與哪類人作比較、比較的內容通常環繞什麼等，這有助你正面處理問題。另外，寫下這些負面比較思想，好處是，你大可告訴自己不用再前思後想，因為它已經被記錄下來，這是放下自己思想重擔的好方法。

7.6 獲取成就感

假如一個人缺乏生活目標，他只會終日迷失，做白日夢。在建立成就感的過程中，我們可以透過完成自己定立的目標，而感到自己有一種勝任感（sense of competence），這是為自己製造成功經驗，只要目標定得合理和具挑戰性，目標達成就能讓我們感到自己是有能力完成目標的。

確立目標，對我們有很多好處。清楚的目標能幫助我們加強專注力，將思維放在可以改變的行動上；若目標具體清晰，也會增強我們的毅力，相信目標終有一天可以達成，當前的困境就可以忍受。

訂立目標時，有一個口訣幫助我們。這口訣由五個英文字的第一個字母組成，稱為 SMART：

1. **Specific**（具體）：目標不可以含糊。例如說「改善人際關係」，不夠具體，如能清楚界定為「改善跟某人在哪一方面的相處」，如改善向上司表達意見的技巧，這就夠具體了。

2. **Measurable**（可以量度）：若果目標能量化，就能看見進展。例如，把體重由 130 磅減至 125 磅，是可以量度的。就算是向別人的要求説「不」，五次中有三次成功，也是可以量度的例子呢！

3. **Achieveable**（能夠達到的）：若果有人説要在一年之內，由不懂得彈琴到鋼琴八級水平，雖然有可能達到，機會卻十分渺茫。當然，不少人喜歡向難度挑戰，但訂立目標，還是預計可達到的，較唱高調的為合適。

4. **Realistic**（實際）：要達到目標，是能在實際生活中體現的，這就是可行性。最好是不須很多其他因素配合才能成就的事，也不用扭曲自己的性格才可達到的。

5. **Time frame**（有時限）：訂立達到目標的日子十分重要。我們常稱為「死線」（deadline）。「死線」能逼使我們將目標放在一個日程表上，有步驟和時限邁向目標。

我鼓勵年輕人定期騰出時間為自己定一些生活上的目標，為這些目標定時限完成，定時檢討，當你看到自己走過的路，累積的成果，你就能建立成就感了。

第 8 章

總結：下流世代的上流生活

吳渭濱

以這書名來總結全書七章的內容很是貼切，先多謝編輯起了這個充滿「顛覆」意味的書名。在書寫此書的時候，腦海裏不時浮現多張年輕人的面孔，他們為了升學、找工作、升遷時而徬徨，時而拚搏。現實又好像在告訴大家，未來是更艱難，經濟增長放緩，機會減少。不少書籍都説這是個「向下流」的世代，「窮忙」成為時下青年人的寫照，即使大學生，上世代稱為天之驕子的，也不例外。不少數據告訴我們，年輕人的薪資不漲反退，加上生活支出增加，樓價高昂，生活愈是窮困。在大城市生活的，工作時間不斷加長，香港已成為全球工時最長的地方，生活愈見繁忙。

「向下流」的世代現象，背後牽涉到全球化、社會、教育等制度的問題，並不是本書要處理的議題，亦不是一般人能處理的。若環境不是我們可以改變的，那麼我們只可以改變自己去回應。

8.1 尋找至關重要的價值

有些回應的方法是較為消極的，如草食化、喪失志向、逃避風險、失去工作意欲。有些是較積極的，如不單一追求經濟、重視家庭及環境價值，不作「樓奴」，放棄名牌消費品，選擇不買汽車而嘗試共享 Uber。大前研一指出年輕人的回應是減低對物質的慾望，成為「低慾望社會」。小確幸的追求也是對當下多變的社會，對不確定的未來一種合理選擇，既然不能把握將來，不如安於現在小而確切的幸福。更進一步來看，小確幸是年輕人對成功有了新的定義，成功已經不是以往的金錢跟權力，而是能夠勇敢達成夢想。顯示人懂得重視個人內心、與人關係的豐富，與金錢、物質掛帥的傳統價值背道而馳。

更可喜的是，面對「窮忙」的現實，愈來愈多青年人選取了非物質價值，追求自主、公義、平等、自由的生活。他們知道，快樂並不全然來自更多的金錢。如果我們不單以金錢來衡量自己的目標及生活，卻專注於所愛的工作，全情投入並享受其中；我們對於「窮」可能有新的理解。沒有錢是一種「窮」，未能實現自己也是一種「窮」，未能享受工作、家庭又是一種「窮」。

8.2 你找到自己的方向嗎？

透過不同的窮、忙、夢想組合，反思自己是否無意義地白忙，還是有目的、有意義的暫時窮忙。當然最理想的組合是不窮/不忙/有夢想，如何達到這個理想組合？讀者可以透過尋找自己的夢想和聲音、時間管理、跨越物質的貧窮尋找答案。

你找到自己的夢想和聲音嗎？你有朝着這四方面去尋找嗎？

- 自己的才幹
- 內心的熱誠
- 社會的需要
- 心中的信念

這四方面匯聚之處，那就是你的聲音。這聲音能引導你釋放潛能，逐漸成長，活得卓越而有所貢獻。如果你內心對工作帶着一份熱誠，發揮所長，並能滿足社會的需要，亦乎合自己為人的信念和意義，縱使生活窮忙，相信會是暫時的。

何況面對理想路上的窮忙，我們仍能跨越，你有嘗試五種追求「上流」（快樂、豐盛）生活的元素嗎？

- **正向的情緒**讓我們在困難的日子滿有樂觀感和盼望，以正能量堅持和等待夢想的達成。
- **投入參與**使我們可以進入忘我的狀態，如果我們投身在自己喜歡的工作，時間永遠不會太長，只嫌不夠。
- **正面的關係**幫助我們檢視自己的人際關係及社交支持，人並不需要相識滿天下，但我們要有好質素的朋友、工作上的良師、豐富我們生命的「貴人」。
- **意義的尋索**有助我們找到自己存在的意義，確立自己在工作價值上的選取。勿讓忙碌、金錢或其他物質成為我們人生意義的代替品。最理想當然是自己的人生意義、工作價值、夢想三者緊扣。
- **成就感**是我們在完成工作後所自然產生的滿足感，我們透過工作技巧、創意展現了自己的能力而得到滿足。但切勿與人比較，因為這份滿足感很容易煙消雲散。

真正重要的事情是那些與我們的夢想、價值和目標有關的，這些事情看似不太緊急，卻是最值得我們花時間去思考、處理的事情。只要我們能把時間放在長遠的投資上，必然有理想回報。投資在最重要的財富和價值上，我們便可以過着向上流的生活，一種樂此不疲的生活。

在窮忙、向下流的時代，若讀者能重新思考什麼是窮？什麼是我們追求的夢想、價值？或許我們會發現自己並不那麼窮，因為我們發現了各類的財富和價值。

8.3 在窮忙中創路

當然，追求夢想並不是一條康莊大道，反而是一條迂迴曲折的窄路。追夢之路愈是彎曲，折射出的光芒也愈是耀眼，正如全球最多人風靡，逐夢建築大師安藤忠雄（Tadao Ando）所走的路。

安藤的建築屹立在國際大都會，成為鮮明標誌；他更被盛讚為「當代偉大的空間書寫家之一」。他出身窮困、高中畢業後便自學建築，在日本的菁英教育社會裏，他是個走不同路的人。原本決定進木工工廠工作，他卻遭家人反對，遇到人生第一個夢想的阻礙。他並沒有因此放棄，雖然轉修機械科，但他堅持走上自學之路。課餘他也很忙，他勤跑學校的設計教室，閒暇時就搭電車到京都、奈良等地，參觀日本傳統建築，從中了解何謂建築。

他透過工作與讀書，繼續自學建築。他先在室內設計公司擔任助手，工餘讀書。有一次，他在一堆舊書中看到一位建築大師的作品，心中震撼不已。於是，每天他都跑到舊書店閱讀，甚至央求書店老闆暫先保存該書，等他存夠錢，就把書買下來。再怎麼沒錢吃飯，他都要讀書。就是這樣，他將建築系教科書讀畢。他認為一個人要成功有兩個條件：意志力和熱情。除了讀書，旅行也成就了這位建築家，是他刻苦自學的另一途徑。透過旅行，全世界的建築鉅作都跳出教科書，成為他的老師。

為了將想法實踐，他的建築提案儘管屢戰屢敗，但他卻從不放棄。經過了好一段時間，他的提案才得到接納。他堅信如果沒有發聲，就不會有任何機會；如果你有一個想法，你必須要一直說，一直說下去。

安藤忠雄的努力和堅持讓他慢慢接下比較有規模的案子，也開始在海外成名，41 歲，法國就首度為他出版作品集；五年後，美國耶魯大學、哥倫比亞大學與哈佛大學，都相繼邀請他擔任建築系客座教授。現在，67 歲的安藤忠雄，儘管早已晉升國際大師，仍然秉持着熱情與意志力，追尋着他的建築夢。

正如安藤忠雄，我們或許要走一條不同的路，但窮與忙不應阻止我們追求自己的夢想或人生目標。只要堅持自己的理想和價值，這條另類的窄路也會開滿花的。